役員給与

今井 康雅 著
Yasumasa Imai

税務経理協会

はしがき

　2008年のリーマンショック，その後の欧州危機や円高など企業を取り巻く環境は，ますます厳しくなってきています。

　企業業績は定時株主総会の役員給与の改定時には予想しえないことが期中に起こることがあります。

　そのため，企業によっては，業績の悪化により期中で役員給与を減額せざるを得ない場合が生じたり，また，期中で病気等予期せぬことで役員が交代して役員給与を増減したりする場面も生じてきます。

　従来は，役員報酬は損金算入，役員賞与は損金不算入として取り扱われていましたが，平成18年度の税制改正において，これらは役員給与として取り扱われることとなりました。

　役員給与のうち損金算入ができるものとして，定期同額給与，事前確定届出給与，利益連動給与で一定の要件を満たすものがあります。

　役員給与に関しては，法人税法，法人税法施行令，法人税法施行規則，法人税基本通達だけではなく，国税庁から公表された質疑応答事例，役員給与に関するQ＆Aなどを含めた上で検討しなければなりません。

　そこで，本書では，第Ⅰ部において役員の範囲の概要とそれに係るQ＆A，第Ⅱ部では役員給与の概要と定期同額給与，事前確定届出給与，利益連動給与，役員退職金及び出向・転籍に係るQ＆Aで構成されています。

　設問については調査の際に指摘され易い事項や実務において誤り易い事項について，具体的な設問60問を設け，仕訳，別表等を含めて解説していくことにします。

　また，本書は平成24年2月1日現在の法令・通達によっており，本文中の法令，通達等に下線が引いてある部分は筆者が引いたものです。

　本書が法人税の実務に携わる方々のお役にたてば幸いです。

　最後になりますが，本書の出版に当たり，お世話になった株式会社税務経理協会の山本俊氏に心からお礼を申し上げます。

平成24年3月

著者

目 次

第Ⅰ部　役員

役員の範囲の概要

- **Q1** 常務取締役総務部長に支給した使用人分の賞与は損金の額に算入されるか ………… 011
- **Q2** 名目上の監査役に支給した賞与は損金の額に算入されるか ……………………………… 015
- **Q3** 取締役総務部長（長女の娘婿）に支給した使用人分の賞与は損金の額に算入されるか 019
- **Q4** 代表取締役の配偶者（取締役）は所有株式がなくても使用人兼務役員になれないか …… 024
- **Q5** 使用人兼務役員とされない役員における5％超基準
（株主である法人の株式を所有している場合） ………………………………………… 029
- **Q6** 代表取締役の配偶者は使用人であってもみなし役員に該当するか …………………… 034

第Ⅱ部　役員給与

役員給与の概要

定期同額給与関係

- **Q7** 定時株主総会による定期給与の額の改定 ………………………………………………… 044
- **Q8** 役員の担当部門の業績が好調による増額改定 …………………………………………… 048
- **Q9** 定時株主総会（6月開催）の翌月分（7月分）から役員に対する定期給与を増額した場合 053
- **Q10** 定期給与を期首から増額改定し一括支給した場合 ……………………………………… 057
- **Q11** 特別な事情があると認められる場合 ……………………………………………………… 062
- **Q12** 前代表取締役の急逝による代表取締役就任に伴う定期給与の増額改定 ……………… 066
- **Q13** 合併に伴いその役員の職務の内容が大幅に変更された場合 …………………………… 069
- **Q14** 分割に伴う職務内容の重大な変更 ………………………………………………………… 073
- **Q15** 病気により定期給与を減額改定しその後病気が回復したことから
期中に役員給与を元に戻した場合 ………………………………………………………… 078
- **Q16** 不祥事に伴う一定期間の役員に対する定期給与の減額 ………………………………… 083

目 次

Q17 従業員の賞与について一律カットせざるを得ないような状況にある場合の
役員に対する定期給与の減額改定 …………………………………………… 087

Q18 同一事業年度で役員に対する定期給与の増額改定と減額改定が行われた場合 …… 091

Q19 業績目標値に達しなかったことによる役員に対する定期給与の減額改定 ………… 096

Q20 一時的な資金繰りの都合による役員に対する定期給与の減額改定 ……………… 100

Q21 業績等の悪化により株主との関係上行った役員に対する定期給与の減額改定 …… 104

Q22 業績の悪化に伴い銀行とのリスケジュールにより役員に対する定期給与の額を
期中に減額改定した場合 ……………………………………………………… 108

Q23 経営改善計画に基づく役員に対する定期給与の減額改定 ………………………… 112

Q24 役員給与の額の据置きを定時株主総会で決議しないで，
その後営業利益の確保のみを目的に役員に対する定期給与を減額改定した場合 …… 116

Q25 役員に歩合給を支給した場合 ………………………………………………… 123

Q26 役員に単身赴任手当を支給した場合 ………………………………………… 128

Q27 役員に対する渡切り交際費は定期同額給与になるか ……………………………… 131

Q28 定期同額給与を未払計上した場合 …………………………………………… 136

Q29 定期同額給与の支給金額の決定を代表取締役に一任した場合 ………………… 139

事前確定届出給与関係

Q30 事前確定届出給与に関する届出書の届出期限 ………………………………… 142

Q31 決議日が職務執行開始の日後である場合の事前確定届出給与に関する
届出書の届出期限 ……………………………………………………………… 147

Q32 支給金額に変更がなくても事前確定届出給与に関する届出書は
毎年届出する必要があるか …………………………………………………… 151

Q33 臨時改定事由により事前確定届出給与を変更する場合 ………………………… 155

Q34 同族会社が非常勤役員に対する給与を半年ごとに支給する場合 ……………… 160

Q35 非同族会社が非常勤役員に対する給与を半年ごとに支給する場合 ………… 164

Q36 使用人の賞与と同じ時期とした事前確定届出給与 ……………………………… 167

Q37 決算賞与（役員賞与引当金として計上）は事前確定届出給与となるか ………… 170

Q38 事前確定届出給与を未払計上した場合 …………………………… 177
Q39 事前確定届出給与が定めどおりに支給されなかった場合 …… 181
Q40 事前確定届出給与が当期は定めどおりに支給されたが
　　翌期は定めどおりに支給されなかった場合 …………………… 185
Q41 事前確定届出給与が当期は定めどおりに支給されなかったが
　　翌期は定めどおりに支給された場合 …………………………… 189
Q42 「事前確定届出給与に関する届出書」を提出している法人が特定の役員について届出書と
　　異なる支給をした場合において他の役員の支給額も損金不算入となるか ………… 193
Q43 事前確定届出給与の支給金額の決定を代表取締役に一任した場合 ……… 196

利益連動給与

Q44 業務執行役員の意義 ……………………………………………… 199
Q45 確定額を限度としている算定方法の意義 …………………… 202
Q46 算定方法の内容の開示 …………………………………………… 205
Q47 報酬委員会がない場合における適正な手続 ………………… 208
Q48 利益に関する指標の数値が確定した時期 …………………… 211

役員退職金

Q49 事業年度の中途において取締役会の決議に基づき役員退職金を支払い
　　損金経理した場合 ………………………………………………… 214
Q50 代表取締役が非常勤の取締役になった場合に支給した退職金 ………… 217
Q51 代表取締役が監査役になった場合に支給した退職金 ……………… 221
Q52 使用人が役員となった場合の退職給与 ……………………… 226
Q53 役員が使用人兼務役員に該当しなくなった場合の退職給与 ………… 230
Q54 使用人から執行役員への就任に伴い退職手当等として支給される一時金 ……… 233

出向・転籍

Q55 出向先法人が負担する給与負担金 ……………………………… 237

目 次

Q56 出向先法人が支出する給与負担金に係る役員給与の取扱い ················· 240
Q57 出向先法人が，出向元法人が給与を支給する都度，給与負担金を支出する場合 ······ 243
Q58 出向者に対する給与の較差補填 ················· 247
Q59 出向先法人が出向者の退職給与を負担しない場合 ················· 249
Q60 転籍者（使用人）に対する退職給与 ················· 251

第Ⅰ部　役員

1　役員の範囲の概要

　法人税法上の役員とは，法人の取締役，執行役，会計参与，監査役，理事，監事及び清算人並びにこれら以外の者で法人の経営に従事している者のうち政令で定めるものをいうこととされています（法法2⑮）。

　なお，役員には，会計参与である監査法人又は税理士法人及び持分会社の社員である法人が含まれることとされています（法基通9－2－2）。

　この政令で定める者とは，次に掲げる者とされています（法令7）。
(1)　法人の使用人（職制上使用人としての地位のみを有する者に限ります。以下(2)において同じ。）以外の者でその法人の経営に従事しているもの

　　　この「使用人以外の者でその法人の経営に従事しているもの」には，相談役，顧問その他これらに類する者でその法人内における地位，その行う職務等からみて他の役員と同様に実質的に法人の経営に従事していると認められるものが含まれることとされています（法基通9－2－1）。
(2)　同族会社の使用人のうち，次に掲げる要件のすべてを満たしている者で，その会社の経営に従事しているもの

第Ⅰ部　役　員

① 当該会社の株主グループにつきその所有割合が最も大きいものから順次その順位を付し，その第1順位の株主グループ（同順位の株主グループが2以上ある場合には，そのすべての株主グループ。以下①において同じ。）の所有割合を算定し，又はこれに順次第2順位及び第3順位の株主グループの所有割合を加算した場合において，当該使用人が次に掲げる株主グループのいずれかに属していること。

イ　第1順位の株主グループの所有割合が100分の50を超える場合における当該株主グループ

ロ　第1順位及び第2順位の株主グループの所有割合を合計した場合にその所有割合がはじめて100分の50を超えるときにおけるこれらの株主グループ

ハ　第1順位から第3順位までの株主グループの所有割合を合計した場合にその所有割合がはじめて100分の50を超えるときにおけるこれらの株主グループ

② 当該使用人の属する株主グループの当該会社に係る所有割合が100分の10を超えていること。

③ 当該使用人（その配偶者及びこれらの者の所有割合が100分の50を超える場合における他の会社を含みます。）の当該会社に係る所有割合が100分の5を超えていること。

　この株主グループとは，その会社の一の株主等（その会社が自己の株式又は出資を有する場合のその会社を除きます。）並びに当該株主等と法人税法第2条第10号（同族会社の意義）に規定する特殊の関係のある個人及び法人をいいます（法令71②）。

　また，この所有割合とは，その会社がその株主等の有する株式又は出資の数又は金額による判定により同族会社に該当する場合にはその株主グループの有する株式の数又は出資の金額の合計額がその会社の発行済株式又は出資（その会社が有する自己の株式又は出資を除きます。）の総数又は総額のうちに占める割合をいい，その会社が法人税法施行令第4条第3項第2号イからニまで（同族関

係者の範囲）に掲げる議決権による判定により同族会社に該当することとなる場合にはその株主グループの有する当該議決権の数がその会社の当該議決権の総数（当該議決権を行使することができない株主等が有する当該議決権の数を除きます。）のうちに占める割合をいい，その会社が社員又は業務を執行する社員の数による判定により同族会社に該当する場合にはその株主グループに属する社員又は業務を執行する社員の数がその会社の社員又は業務を執行する社員の総数のうちに占める割合をいいます（法令71③）。

2　使用人兼務役員

　使用人兼務役員とは，役員（社長，理事長その他政令で定めるものを除きます。）のうち，部長，課長その他法人の使用人としての職制上の地位を有し，かつ，常時使用人としての職務に従事するものをいいます（法法34⑤）。
　この政令で定める役員とは，次に掲げる役員とされています（法令71）。
(1)　代表取締役，代表執行役，代表理事及び清算人
(2)　副社長，専務，常務その他これらに準ずる職制上の地位を有する役員
　　この「副社長，専務，常務その他これらに準ずる職制上の地位を有する役員」とは，定款等の規定又は総会若しくは取締役会の決議等によりその職制上の地位が付与された役員をいうこととされています（法基通9－2－4）。
(3)　合名会社，合資会社及び合同会社の業務を執行する社員
(4)　取締役（委員会設置会社の取締役に限ります。），会計参与及び監査役並びに監事
(5)　(1)から(4)までに掲げるもののほか，同族会社の役員のうち次に掲げる要件のすべてを満たしている者
　　①　当該会社の株主グループにつきその所有割合が最も大きいものから順次その順位を付し，その第1順位の株主グループ（同順位の株主グループが2以上ある場合には，そのすべての株主グループ。以下①において同じ。）の所有割合を算定し，又はこれに順次第2順位及び第3順位の株主グルー

第Ⅰ部　役員

プの所有割合を加算した場合において，当該役員が次に掲げる株主グループの<u>いずれか</u>に属していること。
　　イ　第1順位の株主グループの所有割合が100分の50を超える場合における当該株主グループ
　　ロ　第1順位及び第2順位の株主グループの所有割合を合計した場合にその所有割合がはじめて100分の50を超えるときにおけるこれらの株主グループ
　　ハ　第1順位から第3順位までの株主グループの所有割合を合計した場合にその所有割合がはじめて100分の50を超えるときにおけるこれらの株主グループ
　②　当該役員の属する株主グループの当該会社に係る所有割合が100分の10を超えていること。
　③　当該役員（その配偶者及びこれらの者の所有割合が100分の50を超える場合における他の会社を含みます。）の当該会社に係る所有割合が100分の5を超えていること。

　この株主グループとは，その会社の一の株主等（その会社が自己の株式又は出資を有する場合のその会社を除きます。）並びに当該株主等と法人税法第2条第10号（同族会社の意義）に規定する特殊の関係のある個人及び法人をいいます（法令71②）。

　この特殊の関係のある個人とは，次に掲げる者とされています（法令4①）。
　　イ　株主等の親族
　　ロ　株主等と婚姻の届出をしていないが事実上婚姻関係と同様の事情にある者
　　ハ　株主等（個人である株主等に限ります。ニにおいて同じ。）の使用人
　　ニ　イからハに掲げる者以外の者で株主等から受ける金銭その他の資産によって生計を維持しているもの
　　ホ　ロからニに掲げる者と生計を一にするこれらの者の親族
　　　親族とは，6親等内の血族，配偶者及び3親等内の姻族とされています（民

法725条）。

　なお，第1順位の株主グループと同順位の株主グループがあるときは当該同順位の株主グループを含めたものが第1順位の株主グループに該当し，これに続く株主グループが第2順位の株主グループに該当することとなります（法基通9－2－8）。

　例えば，A株主グループ及びB株主グループの株式の所有割合がそれぞれ20％，C株主グループ及びD株主グループの株式の所有割合がそれぞれ15％の場合には，A株主グループ及びB株主グループが第1順位の株主グループに該当しその株式の所有割合は40％となり，C株主グループ及びD株主グループが第2順位の株主グループに該当しその株式の所有割合は30％となります（法基通9－2－8（注））。

　また，この所有割合とは，その会社がその株主等の有する株式又は出資の数又は金額による判定により同族会社に該当する場合にはその株主グループの有する株式の数又は出資の金額の合計額がその会社の発行済株式又は出資（その会社が有する自己の株式又は出資を除きます。）の総数又は総額のうちに占める割合をいい，その会社が法人税法施行令第4条第3項第2号イからニまで（同族関係者の範囲）に掲げる議決権による判定により同族会社に該当することとなる場合にはその株主グループの有する当該議決権の数がその会社の当該議決権の総数（当該議決権を行使することができない株主等が有する当該議決権の数を除きます。）のうちに占める割合をいい，その会社が社員又は業務を執行する社員の数による判定により同族会社に該当する場合にはその株主グループに属する社員又は業務を執行する社員の数がその会社の社員又は業務を執行する社員の総数のうちに占める割合をいいます（法令71③）。

　なお，この同族会社の役員には，次に掲げる役員が含まれることとされています（法基通9－2－7）。

　　イ　自らは当該会社の株式又は出資を有しないが，その役員と法第2条第10号《同族会社の定義》に規定する特殊の関係のある個人又は法人（以下9－2－7において「同族関係者」という。）が当該会社の株式又は出資を

第Ⅰ部　役　員

　　　　有している場合における当該役員
　　　ロ　自らは当該会社の令第4条第3項第2号イからニまで《同族関係者の範囲》に掲げる議決権を有しないが，その役員の同族関係者が当該会社の当該議決権を有している場合における当該役員
　　　ハ　自らは当該会社の社員又は業務を執行する社員ではないが，その役員の同族関係者が当該会社の社員又は業務を執行する社員である場合における当該役員

　また，「その他法人の使用人としての職制上の地位」とは，支店長，工場長，営業所長，支配人，主任等法人の機構上定められている使用人たる職務上の地位をいう。したがって，取締役等で総務担当，経理担当というように使用人としての職制上の地位でなく，法人の特定の部門の職務を統括しているものは，使用人兼務役員には該当しないこととされています（法基通9－2－5）。

　なお，事業内容が単純で使用人が少数である等の事情により，法人がその使用人について特に機構としてその職務上の地位を定めていない場合には，当該法人の役員（法第34条第5項括弧書《使用人兼務役員とされない役員》に定める役員を除きます。）で，常時従事している職務が他の使用人の職務の内容と同質であると認められるものについては，法基通9－2－5（使用人としての職制上の地位）にかかわらず，使用人兼務役員として取り扱うことができることとされています（法基通9－2－6）。

Q1 常務取締役総務部長に支給した使用人分の賞与は損金の額に算入されるか

　当社は製造業を営む3月決算法人です。

　当社には，代表取締役社長甲，専務取締役乙（甲の長男）及び常務取締役丙（第三者）がいます。

　常務取締役丙は，総務部長として職制上の地位を有しており，かつ，常時総務部長としての職務に従事しています。

　なお，当社の株主構成は次のとおりです。

	続柄	所有割合
代表取締役甲	本人	80%
専務取締役乙	甲の長男	20%

　当社は平成25年3月期に丙に対して使用人兼務役員の使用人分の賞与として下記の金額を支給し損金の額に算入しましたが，税務上もこの処理で認められますか。

　なお，当社は事前確定届出給与に関する届出書は提出しておらず，また，平成25年3月期に係る法人税の確定申告書は申告期限前のため提出しておりません。

平成24年6月26日	平成24年12月14日
60万円	80万円

ANSWER

　丙は常務取締役総務部長ですが，常務取締役であることから，使用人兼務役員になれませんので，貴社が丙に対して支給した賞与は損金の額に算入されないことから申告調整で加算することになります。

第Ⅰ部　役　員

解　説

1　使用人兼務役員とされない役員

　使用人兼務役員とは，役員（社長，理事長その他政令で定めるものを除きます。）のうち，部長，課長その他法人の使用人としての職制上の地位を有し，かつ，常時使用人としての職務に従事するものをいいます（法法34⑤）。

　この政令で定める役員とは，次に掲げる役員とされています（法令71）。

(1)　代表取締役，代表執行役，代表理事及び清算人

(2)　副社長，専務，常務その他これらに準ずる職制上の地位を有する役員

　　この「副社長，専務，常務その他これらに準ずる職制上の地位を有する役員」とは，定款等の規定又は総会若しくは取締役会の決議等によりその職制上の地位が付与された役員をいうこととされています（法基通9－2－4）。

(3)　合名会社，合資会社及び合同会社の業務を執行する社員

(4)　取締役（委員会設置会社の取締役に限ります。），会計参与及び監査役並びに監事

(5)　(1)から(4)までに掲げるもののほか，同族会社の役員のうち次に掲げる要件のすべてを満たしている者

　　①　当該会社の株主グループにつきその所有割合が最も大きいものから順次その順位を付し，その第1順位の株主グループ（同順位の株主グループが2以上ある場合には，そのすべての株主グループ。以下①において同じ。）の所有割合を算定し，又はこれに順次第2順位及び第3順位の株主グループの所有割合を加算した場合において，当該役員が次に掲げる株主グループのいずれかに属していること。

　　　イ　第1順位の株主グループの所有割合が100分の50を超える場合における当該株主グループ

　　　ロ　第1順位及び第2順位の株主グループの所有割合を合計した場合にその所有割合がはじめて100分の50を超えるときにおけるこれらの株主グループ

ハ　第1順位から第3順位までの株主グループの所有割合を合計した場合にその所有割合がはじめて100分の50を超えるときにおけるこれらの株主グループ

　② 当該役員の属する株主グループの当該会社に係る所有割合が100分の10を超えていること。

　③ 当該役員（その配偶者及びこれらの者の所有割合が100分の50を超える場合における他の会社を含みます。）の当該会社に係る所有割合が100分の5を超えていること。

2　本事例の場合

　上記1のとおり、法人の役員のうち、常務取締役は、使用人兼務役員にはなれないこととされています。

　したがって、丙は総務部長としての職務を兼ねており、常時使用人としての職務に従事していたとしても、常務取締役であることから使用人兼務役員にはなれませんので、貴社が丙に対して支給した賞与は損金の額に算入されないものと考えられます。

3　申告調整

　丙は常務取締役総務部長ですが、常務取締役であることから、使用人兼務役員になれませんので、貴社が丙に対して支給した賞与140万円は損金の額に算入されないため申告調整で加算することになります。

《平成25年3月期》
　【会社経理】
　　（借）使用人分賞与　1,400,000　　（貸）現　預　金　1,400,000
　　　（注）源泉所得税の処理は省略しています。

第Ⅰ部 役員

【申告調整】

所得の金額の計算に関する明細書（簡易様式）

別表四（簡易様式）

事業年度 24・4・1 ～ 25・3・31　法人名 ○○社

区　分		総　額 ①	処　分	
			留　保 ②	社外流出 ③
当期利益又は当期欠損の額	1	円	円	配当　　　　　円
				その他
損金の額に算入した法人税（附帯税を除く。）	2			
損金の額に算入した道府県民税（利子割額を除く。）及び市町村民税	3			
損金の額に算入した道府県民税利子割額	4			
損金の額に算入した納税充当金	5			
損金の額に算入した附帯税（利子税を除く。）、加算金、延滞金（延納分を除く。）及び過怠税	6			その他
加	減価償却の償却超過額	7			
	役員給与の損金不算入額	8	1,400,000		その他　1,400,000
	交際費等の損金不算入額	9			その他
		10			
算		11			
		12			
	小　計	13			

Q2　名目上の監査役に支給した賞与は損金の額に算入されるか

当社は卸売業を営む3月決算法人です。

当社には，代表取締役社長甲，専務取締役乙（甲の長男），常務取締役丙（第三者）及び監査役丁（甲の姉）がいます。

丁は，監査役とはいっても，名目だけのものであり，実際の仕事は総務事務の補助を行っていることから，当社は平成25年3月期に丁に対して実質的には使用人であるとして使用人分の賞与として下記の金額を支給し損金の額に算入しましたが，税務上もこの処理で認められますか。

なお，当社は事前確定届出給与に関する届出書は提出しておらず，また，平成25年3月期に係る法人税の確定申告書は申告期限前のため提出しておりません。

平成24年6月26日	平成24年12月14日
80万円	100万円

ANSWER

丁は監査役であることから使用人兼務役員になれませんので，貴社が丁に対して支給した賞与は損金の額に算入されないため申告調整で加算することになります。

解説

1　使用人兼務役員とされない役員

使用人兼務役員とは，役員（社長，理事長その他政令で定めるものを除きます。）のうち，部長，課長その他法人の使用人としての職制上の地位を有し，かつ，常時使用人としての職務に従事するものをいいます（法法34⑤）。

第Ⅰ部 役 員

この政令で定める役員とは，次に掲げる役員とされています（法令71）。

(1) 代表取締役，代表執行役，代表理事及び清算人
(2) 副社長，専務，常務その他これらに準ずる職制上の地位を有する役員
(3) 合名会社，合資会社及び合同会社の業務を執行する社員
(4) 取締役（委員会設置会社の取締役に限ります。），会計参与及び<u>監査役</u>並びに監事
(5) (1)から(4)までに掲げるもののほか，同族会社の役員のうち次に掲げる要件のすべてを満たしている者

　① 当該会社の株主グループにつきその所有割合が最も大きいものから順次その順位を付し，その第1順位の株主グループ（同順位の株主グループが2以上ある場合には，そのすべての株主グループ。以下①において同じ。）の所有割合を算定し，又はこれに順次第2順位及び第3順位の株主グループの所有割合を加算した場合において，当該役員が次に掲げる株主グループのいずれかに属していること。

　イ 第1順位の株主グループの所有割合が100分の50を超える場合における当該株主グループ

　ロ 第1順位及び第2順位の株主グループの所有割合を合計した場合にその所有割合がはじめて100分の50を超えるときにおけるこれらの株主グループ

　ハ 第1順位から第3順位までの株主グループの所有割合を合計した場合にその所有割合がはじめて100分の50を超えるときにおけるこれらの株主グループ

　② 当該役員の属する株主グループの当該会社に係る所有割合が100分の10を超えていること。

　③ 当該役員（その配偶者及びこれらの者の所有割合が100分の50を超える場合における他の会社を含みます。）の当該会社に係る所有割合が100分の5を超えていること。

2 本事例の場合

上記1のとおり，監査役は，使用人兼務役員にはなれないこととされています。

したがって，丁の実際の仕事が総務事務の補助を行っており，常時使用人としての職務に従事していたとしても，監査役であることから使用人兼務役員にはなれませんので，貴社が丁に対して支給した賞与は損金の額に算入されないものと考えられます。

3 申告調整

丁は監査役であることから，使用人兼務役員になれませんので，貴社が丁に対して支給した賞与180万円は損金の額に算入されないため申告調整で加算することになります。

《平成25年3月期》

【会社経理】

　　（借）使用人分賞与　1,800,000　　（貸）現　預　金　1,800,000
　　　（注）源泉所得税の処理は省略しています。

第Ⅰ部 役員

【申告調整】

所得の金額の計算に関する明細書（簡易様式） 別表四（簡易様式）

事業年度 24・4・1 / 25・3・31　法人名 ○○社

区　分		総　額 ①	処分 留保 ②	処分 社外流出 ③	
当期利益又は当期欠損の額	1	円	円	配当	円
				その他	
加算	損金の額に算入した法人税（附帯税を除く。）	2				
	損金の額に算入した道府県民税（利子割額を除く。）及び市町村民税	3				
	損金の額に算入した道府県民税利子割額	4				
	損金の額に算入した納税充当金	5				
	損金の額に算入した附帯税（利子税を除く。）、加算金、延滞金（延納分を除く。）及び過怠税	6			その他	
	減価償却の償却超過額	7				
	役員給与の損金不算入額	8	1,800,000		その他	1,800,000
	交際費等の損金不算入額	9			その他	
		10				
		11				
		12				
	小　　計	13				

Q3 取締役総務部長（長女の娘婿）に支給した使用人分の賞与は損金の額に算入されるか

当社は建設業を営む3月決算法人です。

丙は取締役ですが総務部長としての職制上の地位を有しており，かつ，常時総務部長としての職務に従事しています。

なお，当社の株主構成は下記のとおりとなっています。

株主	続柄	所有割合
代表取締役甲	本人	45%
専務取締役乙	甲の配偶者	30%
取締役総務部長丙	長女の娘婿	15%
その他	第三者	10%

当社は平成25年3月期に丙に対して使用人兼務役員として下記の使用人分の賞与を支給し損金の額に算入しましたが，税務上もこの処理で認められますか。

なお，当社は事前確定届出給与に関する届出書は提出しておらず，また，平成25年3月期に係る法人税の確定申告書は申告期限前のため提出しておりません。

平成24年6月26日	平成24年12月14日
100万円	100万円

ANSWER

丙は取締役総務部長ですが，丙は甲の娘婿であることから甲の親族に該当し甲の株主グループに属し，かつ，丙は貴社の株式を15%所有していることから，使用人兼務役員になれないため，貴社が丙に対して支給した賞与は損金の額に算入されないので申告調整で加算することになります。

第Ⅰ部　役　員

解　説

1　使用人兼務役員とされない役員

　使用人兼務役員とは，役員（社長，理事長その他政令で定めるものを除きます。）のうち，部長，課長その他法人の使用人としての職制上の地位を有し，かつ，常時使用人としての職務に従事するものをいいます（法法34⑤）。

　この政令で定める役員とは，次に掲げる役員とされています（法令71）。

(1)　代表取締役，代表執行役，代表理事及び清算人

(2)　副社長，専務，常務その他これらに準ずる職制上の地位を有する役員

(3)　合名会社，合資会社及び合同会社の業務を執行する社員

(4)　取締役（委員会設置会社の取締役に限ります。），会計参与及び監査役並びに監事

(5)　(1)から(4)までに掲げるもののほか，同族会社の役員のうち次に掲げる要件のすべてを満たしている者

　①　当該会社の株主グループにつきその所有割合が最も大きいものから順次その順位を付し，その第1順位の株主グループ（同順位の株主グループが2以上ある場合には，そのすべての株主グループ。以下①において同じ。）の所有割合を算定し，又はこれに順次第2順位及び第3順位の株主グループの所有割合を加算した場合において，当該役員が次に掲げる株主グループのいずれかに属していること。

　イ　第1順位の株主グループの所有割合が100分の50を超える場合における当該株主グループ

　ロ　第1順位及び第2順位の株主グループの所有割合を合計した場合にその所有割合がはじめて100分の50を超えるときにおけるこれらの株主グループ

　ハ　第1順位から第3順位までの株主グループの所有割合を合計した場合にその所有割合がはじめて100分の50を超えるときにおけるこれらの株主グループ

② 当該役員の属する株主グループの当該会社に係る所有割合が100分の10を超えていること。
　③ <u>当該役員</u>（その配偶者及びこれらの者の所有割合が100分の50を超える場合における他の会社を含みます。）の当該会社に係る<u>所有割合が100分の5を超えている</u>こと。

　なお，この株主グループとは，その会社の一の株主等（その会社が自己の株式又は出資を有する場合のその会社を除きます。）並びに当該株主等と法人税法第2条第10号（同族会社の意義）に規定する特殊の関係のある個人及び法人をいいます（法令71②）。

　この特殊の関係のある個人とは，次に掲げる者とされています（法令4①）。
　　イ　株主等の親族
　　ロ　株主等と婚姻の届出をしていないが事実上婚姻関係と同様の事情にある者
　　ハ　株主等（個人である株主等に限ります。ニにおいて同じ。）の使用人
　　ニ　イからハに掲げる者以外の者で株主等から受ける金銭その他の資産によって生計を維持しているもの
　　ホ　ロからニに掲げる者と生計を一にするこれらの者の親族

　なお，親族とは，6親等内の血族，配偶者及び3親等内の姻族とされています（民法725）。

　また，この所有割合とは，その会社がその株主等の有する株式又は出資の数又は金額による判定により同族会社に該当する場合にはその株主グループの有する株式の数又は出資の金額の合計額がその会社の発行済株式又は出資（その会社が有する自己の株式又は出資を除きます。）の総数又は総額のうちに占める割合をいい，その会社が法人税法施行令第4条第3項第2号イからニまで（同族関係者の範囲）に掲げる議決権による判定により同族会社に該当することとなる場合にはその株主グループの有する当該議決権の数がその会社の当該議決権の総数（当該議決権を行使することができない株主等が有する当該議決権の数を除きます。）のうちに占める割合をいい，その会社が社員又は業務を執行する社員の数によ

る判定により同族会社に該当する場合にはその株主グループに属する社員又は業務を執行する社員の数がその会社の社員又は業務を執行する社員の総数のうちに占める割合をいいます（法令71③）。

2　本事例の場合

上記1のとおり，丙は取締役総務部長ですが，丙は甲の娘婿であることから甲の親族に該当し甲の株主グループ（第1順位90％）に属し，かつ，丙は貴社の株式を15％所有していることから，使用人兼務役員になれないため，貴社が丙に対して支給した賞与は損金の額に算入されないことになります。

3　申告調整

丙は取締役総務部長ですが，丙は甲の娘婿であることから甲の親族に該当し甲の株主グループ（第1順位90％）に属し，かつ，丙は貴社の株式を15％所有していることから，使用人兼務役員になれないため，貴社が丙に対して支給した賞与は損金の額に算入されないので申告調整で加算することになります。

《平成25年3月期》

【会社経理】

　　（借）使用人分賞与　2,000,000　　（貸）現　預　金　2,000,000
　　　（注）源泉所得税の処理は省略しています。

【申告調整】

所得の金額の計算に関する明細書（簡易様式） 別表四（簡易様式）

事業年度 24・4・1 ～ 25・3・31　法人名 ○○社

区　分		総　額 ①	処　分	
			留　保 ②	社外流出 ③
当期利益又は当期欠損の額	1	円	円	配当　　　　円
				その他
加算	損金の額に算入した法人税（附帯税を除く。）	2			
	損金の額に算入した道府県民税（利子割額を除く。）及び市町村民税	3			
	損金の額に算入した道府県民税利子割額	4			
	損金の額に算入した納税充当金	5			
	損金の額に算入した附帯税（利子税を除く。）、加算金、延滞金（延納分を除く。）及び過怠税	6			その他
	減価償却の償却超過額	7			
	役員給与の損金不算入額	8	2,000,000		その他　2,000,000
	交際費等の損金不算入額	9			その他
		10			
		11			
		12			
	小　計	13			

第Ⅰ部 役員

Q4 代表取締役の配偶者（取締役）は所有株式がなくても使用人兼務役員になれないか

当社は卸売業を営む3月決算法人です。

代表取締役甲の配偶者乙は取締役ですが、経理部長としての職制上の地位を有しており、かつ、常時経理部長としてその職務に従事しています。

なお、当社の株主構成は下記のとおりとなっています。

株主	続柄	割合
代表取締役甲	本人	100%

当社は、平成25年3月期に乙に対して使用人兼務役員として下記の使用人分の賞与を支給し損金の額に算入しましたが、税務上もこの処理で認められますか。

なお、当社は事前確定届出給与に関する届出書は提出しておらず、また、平成25年3月期に係る法人税の確定申告書は申告期限前のため提出しておりません。

平成24年6月26日	平成24年12月14日
100万円	100万円

ANSWER

乙は取締役経理部長で常時使用人としてその職務に従事していても、乙の配偶者甲が貴社の株式100％を所有していることから、乙が貴社の株式を所有していないとしても貴社の第1順位である甲株主グループを判定する場合には、親族として同グループに属すること、また、乙の株式の所有割合を判定する場合には配偶者を含めて判断することから乙は使用人兼務役員になれませんので、貴社が乙に対して支給した賞与は損金の額に算入されないことから、申告調整で加算するものと考えられます。

解説

1 使用人兼務役員とされない役員

使用人兼務役員とは，役員（社長，理事長その他政令で定めるものを除きます。）のうち，部長，課長その他法人の使用人としての職制上の地位を有し，かつ，常時使用人としての職務に従事するものをいいます（法法34⑤）。

この政令で定める役員とは，次に掲げる役員とされています（法令71）。

(1) 代表取締役，代表執行役，代表理事及び清算人
(2) 副社長，専務，常務その他これらに準ずる職制上の地位を有する役員
(3) 合名会社，合資会社及び合同会社の業務を執行する社員
(4) 取締役（委員会設置会社の取締役に限ります。），会計参与及び監査役並びに監事
(5) (1)から(4)までに掲げるもののほか，同族会社の役員のうち次に掲げる要件のすべてを満たしている者

　① 当該会社の株主グループにつきその所有割合が最も大きいものから順次その順位を付し，その第1順位の株主グループ（同順位の株主グループが2以上ある場合には，そのすべての株主グループ。以下①において同じ。）の所有割合を算定し，又はこれに順次第2順位及び第3順位の株主グループの所有割合を加算した場合において，当該役員が次に掲げる株主グループのいずれかに属していること。

　　イ 第1順位の株主グループの所有割合が100分の50を超える場合における当該株主グループ
　　ロ 第1順位及び第2順位の株主グループの所有割合を合計した場合にその所有割合がはじめて100分の50を超えるときにおけるこれらの株主グループ
　　ハ 第1順位から第3順位までの株主グループの所有割合を合計した場合にその所有割合がはじめて100分の50を超えるときにおけるこれらの株主グループ

第Ⅰ部　役　員

②　当該役員の属する株主グループの当該会社に係る所有割合が100分の10を超えていること。

③　<u>当該役員</u>（<u>その配偶者及びこれらの者の所有割合が100分の50を超える場合における他の会社を含みます。</u>）の当該会社に係る<u>所有割合が100分の5を超えていること</u>。

　なお，この株主グループとは，その会社の一の株主等（その会社が自己の株式又は出資を有する場合のその会社を除きます。）並びに当該株主等と法人税法第2条第10号（同族会社の意義）に規定する特殊の関係のある個人及び法人をいいます（法令71②）。

　この特殊の関係のある個人とは，次に掲げる者とされています（法令4①）。

　　イ　株主等の親族
　　ロ　株主等と婚姻の届出をしていないが事実上婚姻関係と同様の事情にある者
　　ハ　株主等（個人である株主等に限ります。ニにおいて同じ。）の使用人
　　ニ　イからハに掲げる者以外の者で株主等から受ける金銭その他の資産によって生計を維持しているもの
　　ホ　ロからニに掲げる者と生計を一にするこれらの者の親族

　親族とは，6親等内の血族，配偶者及び3親等内の姻族とされています（民法725）。

　また，この所有割合とは，その会社がその株主等の有する株式又は出資の数又は金額による判定により同族会社に該当する場合にはその株主グループの有する株式の数又は出資の金額の合計額がその会社の発行済株式又は出資（その会社が有する自己の株式又は出資を除きます。）の総数又は総額のうちに占める割合をいい，その会社が法人税法施行令第4条第3項第2号イからニまで（同族関係者の範囲）に掲げる議決権による判定により同族会社に該当することとなる場合にはその株主グループの有する当該議決権の数がその会社の当該議決権の総数（当該議決権を行使することができない株主等が有する当該議決権の数を除きます。）のうちに占める割合をいい，その会社が社員又は業務を執行する社員の数によ

る判定により同族会社に該当する場合にはその株主グループに属する社員又は業務を執行する社員の数がその会社の社員又は業務を執行する社員の総数のうちに占める割合をいいます（法令71③）。

なお，この同族会社の役員には，次に掲げる役員が含まれることとされています（法基通9－2－7）。

　　イ　自らは当該会社の株式又は出資を有しないが，その役員と法第2条第10号《同族会社の定義》に規定する特殊の関係のある個人又は法人（以下9－2－7において「同族関係者」という。）が当該会社の株式又は出資を有している場合における当該役員

　　ロ　自らは当該会社の令第4条第3項第2号イからニまで《同族関係者の範囲》に掲げる議決権を有しないが，その役員の同族関係者が当該会社の当該議決権を有している場合における当該役員

　　ハ　自らは当該会社の社員又は業務を執行する社員ではないが，その役員の同族関係者が当該会社の社員又は業務を執行する社員である場合における当該役員

2　本事例の場合

上記1のとおり，乙は取締役経理部長で常時使用人としてその職務に従事していても，乙の配偶者甲が貴社の株式100％を所有していることから，乙が貴社の株式を所有していないとしても貴社の第1順位である甲株主グループを判定する場合には，親族として同グループに属すること，また，乙の株式の所有割合を判定する場合には配偶者を含めて判断することから乙は使用人兼務役員になれませんので，貴社が乙に対して支給した賞与は損金の額に算入されないものと考えられます。

3　申告調整

乙は取締役経理部長ですが，上記1及び2のとおり，使用人兼務役員になれませんので，貴社が乙に対して支給した賞与2,000,000円は損金の額に算入

第Ⅰ部　役　員

されないことから申告調整で加算することになります。

《平成25年3月期》

【会社経理】

　　（借）使用人分賞与　2,000,000　　（貸）現　預　金　2,000,000

　　　（注）源泉所得税の処理は省略しています。

【申告調整】

所得の金額の計算に関する明細書（簡易様式）　別表四（簡易様式）

事業年度　24・4・1／25・3・31　法人名　○○社

区　分		総　額 ①	処　分	
			留　保 ②	社　外　流　出 ③
当期利益又は当期欠損の額	1	円	円	配当　　　　　円
				その他
加算	損金の額に算入した法人税（附帯税を除く。）	2			
	損金の額に算入した道府県民税（利子割額を除く。）及び市町村民税	3			
	損金の額に算入した道府県民税利子割額	4			
	損金の額に算入した納税充当金	5			
	損金の額に算入した附帯税（利子税を除く。）、加算金、延滞金（延納分を除く。）及び過怠税	6			その他
	減価償却の償却超過額	7			
	役員給与の損金不算入額	8	2,000,000		その他　2,000,000
	交際費等の損金不算入額	9			その他
		10			
		11			
		12			
	小　計	13			

28

Q5 使用人兼務役員とされない役員における5％超基準（株主である法人の株式を所有している場合）

当社は卸売業を営む３月決算法人です。

代表取締役甲の長男乙は取締役ですが，経理部長としての職制上の地位を有しており，かつ，常時経理部長としてその職務に従事しています。

なお、当社及びＡ社の株主構成は下記のとおりとなっています。

（当社の株主構成）

株主	続柄	所有割合
代表取締役甲	本人	85％
取締役経理部長乙	甲の長男	3％
Ａ社		12％

（Ａ社の株主構成）

株主	続柄	所有割合
乙	本人	100％

当社は，平成25年３月期に乙に対して使用人兼務役員として下記の使用人分の賞与を支給し損金の額に算入しましたが，税務上もこの処理で認められますか。

なお，当社は事前確定届出給与に関する届出書は提出しておらず，また，平成25年３月期に係る法人税の確定申告書は申告期限前のため提出しておりません。

平成24年６月26日	平成24年12月14日
100万円	100万円

ANSWER

乙は甲株主グループに属しており，また，乙は貴社株式を3％しか所有していませんが，乙が貴社の株主のＡ社株式を100％所有していることから，

第Ⅰ部　役　員

乙の貴社株式の所有割合は15％（乙の3％にA社の12％を加算します。）となり，乙は使用人兼務役員になれませんので，貴社が乙に対して支給した賞与は損金の額に算入されないことから，申告調整で加算するものと考えられます。

■解　説

1　使用人兼務役員とされない役員

　使用人兼務役員とは，役員（社長，理事長その他政令で定めるものを除きます。）のうち，部長，課長その他法人の使用人としての職制上の地位を有し，かつ，常時使用人としての職務に従事するものをいいます（法法34⑤）。

　この政令で定める役員とは，次に掲げる役員とされています（法令71）。

(1)　代表取締役，代表執行役，代表理事及び清算人

(2)　副社長，専務，常務その他これらに準ずる職制上の地位を有する役員

(3)　合名会社，合資会社及び合同会社の業務を執行する社員

(4)　取締役（委員会設置会社の取締役に限ります。），会計参与及び監査役並びに監事

(5)　(1)から(4)までに掲げるもののほか，同族会社の役員のうち次に掲げる要件のすべてを満たしている者

　①　当該会社の株主グループにつきその所有割合が最も大きいものから順次その順位を付し，その第1順位の株主グループ（同順位の株主グループが2以上ある場合には，そのすべての株主グループ。以下①において同じ。）の所有割合を算定し，又はこれに順次第2順位及び第3順位の株主グループの所有割合を加算した場合において，当該役員が次に掲げる株主グループのいずれかに属していること。

　　イ　第1順位の株主グループの所有割合が100分の50を超える場合における当該株主グループ

　　ロ　第1順位及び第2順位の株主グループの所有割合を合計した場合にその所有割合がはじめて100分の50を超えるときにおけるこれらの株主グループ

ハ　第1順位から第3順位までの株主グループの所有割合を合計した場合にその所有割合がはじめて100分の50を超えるときにおけるこれらの株主グループ
　②　当該役員の属する株主グループの当該会社に係る所有割合が100分の10を超えていること。
　③　当該役員（その配偶者及びこれらの者の所有割合が<u>100分の50を超える場合における他の会社を含みます。</u>）の当該会社に係る所有割合が<u>100分の5を超えている</u>こと。

　なお，この株主グループとは，その会社の一の株主等（その会社が自己の株式又は出資を有する場合のその会社を除きます。）並びに当該株主等と法人税法第2条第10号（同族会社の意義）に規定する特殊の関係のある個人及び法人をいいます（法令71②）。

　この特殊の関係のある個人とは，次に掲げる者とされています（法令4①）。
　　イ　株主等の親族
　　ロ　株主等と婚姻の届出をしていないが事実上婚姻関係と同様の事情にある者
　　ハ　株主等（個人である株主等に限ります。ニにおいて同じ。）の使用人
　　ニ　イからハに掲げる者以外の者で株主等から受ける金銭その他の資産によって生計を維持しているもの
　　ホ　ロからニに掲げる者と生計を一にするこれらの者の親族

　親族とは，6親等内の血族，配偶者及び3親等内の姻族とされています（民法725）。

　また，この所有割合とは，その会社がその株主等の有する株式又は出資の数又は金額による判定により同族会社に該当する場合にはその株主グループの有する株式の数又は出資の金額の合計額がその会社の発行済株式又は出資（その会社が有する自己の株式又は出資を除きます。）の総数又は総額のうちに占める割合をいい，その会社が法人税法施行令第4条第3項第2号イからニまで（同族関係者の範囲）に掲げる議決権による判定により同族会社に該当することとなる場

合にはその株主グループの有する当該議決権の数がその会社の当該議決権の総数（当該議決権を行使することができない株主等が有する当該議決権の数を除きます。）のうちに占める割合をいい，その会社が社員又は業務を執行する社員の数による判定により同族会社に該当する場合にはその株主グループに属する社員又は業務を執行する社員の数がその会社の社員又は業務を執行する社員の総数のうちに占める割合をいいます（法令71③）。

2　本事例の場合

　上記1のとおり，乙は甲株主グループに属しており，また，乙は貴社株式を3％しか所有していませんが，乙が貴社の株主のA社株式を100％を所有していることから，乙の貴社株式の所有割合は15％（乙の3％にA社の12％を加算します。）となるため，乙は使用人兼務役員になれませんので，貴社が乙に対して支給した賞与は損金の額に算入されないものと考えられます。

3　申告調整

　乙は取締役経理部長ですが，上記1及び2のとおり，使用人兼務役員になれませんので，貴社が乙に対して支給した賞与2,000,000円は損金の額に算入されないことから申告調整で加算することになります。

《平成25年3月期》

【会社経理】

　　（借）使用人分賞与　2,000,000　　（貸）現　預　金　2,000,000
　　　（注）源泉所得税の処理は省略しています。

【申告調整】

所得の金額の計算に関する明細書(簡易様式)

別表四(簡易様式)

| 事業年度 | 24・4・1 〜 25・3・31 | 法人名 | ○○社 |

区　分		総　額	処　分		
			留　保	社　外　流　出	
		① 円	② 円	③	
当期利益又は当期欠損の額	1			配　当	円
				その他	
加算	損金の額に算入した法人税(附帯税を除く。)	2				
	損金の額に算入した道府県民税(利子割額を除く。)及び市町村民税	3				
	損金の額に算入した道府県民税利子割額	4				
	損金の額に算入した納税充当金	5				
	損金の額に算入した附帯税(利子税を除く。)、加算金、延滞金(延納分を除く。)及び過怠税	6			その他	
	減価償却の償却超過額	7				
	役員給与の損金不算入額	8	2,000,000		その他	2,000,000
	交際費等の損金不算入額	9			その他	
		10				
		11				
		12				
	小　計	13				

33

第Ⅰ部 役員

Q6 代表取締役の配偶者は使用人であってもみなし役員に該当するか

当社は卸売業を営む3月決算法人です。

代表取締役甲の配偶者乙は単なる総務部長で役員ではなく，また，経営には全く従事していません。

なお，当社の株主構成は下記の表のとおりとなっています。

株主	続柄	所有割合
代表取締役甲	本人	100%

この場合、乙はみなし役員に該当しますか。

ANSWER

乙は単なる使用人であり，貴社の株式の100%を所有する代表取締役甲の配偶者であっても，貴社の経営に従事していなければみなし役員に該当しないものと考えられます。

解説

1 法人税法上の役員

役員とは，法人の取締役，執行役，会計参与，監査役，理事，監事及び清算人並びにこれら以外の者で法人の経営に従事している者のうち<u>政令で定めるもの</u>をいうこととされています（法法2⑮）。

この<u>政令で定める者</u>とは，次に掲げる者とされています（法令7）。

(1) 法人の使用人（職制上使用人としての地位のみを有する者に限ります。）以外の者でその法人の経営に従事しているもの

この「使用人以外の者でその法人の経営に従事しているもの」には，相談役，顧問その他これらに類する者でその法人内における地位，その行う

34

職務等からみて他の役員と同様に実質的に法人の経営に従事しているものと認められるものが含まれます（法基通9－2－1）。

(2) 同族会社の使用人のうち，次に掲げる要件のすべてを満たしている者で，その会社の経営に従事しているもの

① 当該会社の株主グループにつきその所有割合が最も大きいものから順次その順位を付し，その第1順位の株主グループ（同順位の株主グループが2以上ある場合には，そのすべての株主グループ。以下①において同じ。）の所有割合を算定し，又はこれに順次第2順位及び第3順位の株主グループの所有割合を加算した場合において，当該使用人が次に掲げる株主グループのいずれかに属していること。

イ 第1順位の株主グループの所有割合が100分の50を超える場合における当該株主グループ

ロ 第1順位及び第2順位の株主グループの所有割合を合計した場合にその所有割合がはじめて100分の50を超えるときにおけるこれらの株主グループ

ハ 第1順位から第3順位までの株主グループの所有割合を合計した場合にその所有割合がはじめて100分の50を超えるときにおけるこれらの株主グループ

② 当該使用人の属する株主グループの当該会社に係る所有割合が100分の10を超えていること。

③ 当該使用人（その配偶者及びこれらの者の所有割合が100分の50を超える場合における他の会社を含みます。）の当該会社に係る所有割合が100分の5を超えていること。

なお，この株主グループとは，その会社の一の株主等（その会社が自己の株式又は出資を有する場合のその会社を除きます。）並びに当該株主等と法人税法第2条第10号（同族会社の意義）に規定する特殊の関係のある個人及び法人をいいます（法令71②）。

この特殊の関係のある個人とは，次に掲げる者とされています（法令4①）。

第Ⅰ部 役　員

　　イ　株主等の親族
　　ロ　株主等と婚姻の届出をしていないが事実上婚姻関係と同様の事情にある者
　　ハ　株主等（個人である株主等に限ります。ニにおいて同じ。）の使用人
　　ニ　イからハに掲げる者以外の者で株主等から受ける金銭その他の資産によって生計を維持しているもの
　　ホ　ロからニに掲げる者と生計を一にするこれらの者の親族

　親族とは，6親等内の血族，配偶者及び3親等内の姻族とされています（民法725）。

　なお，みなし役員の要件であるその「会社の経営に従事しているもの」については，税務上，具体的な判断基準となる規定は特にありませんが，参考となるものとして次の裁決があります。

　商業登記簿上の役員でない者であっても，自己の名義によって金融機関から事業用資金を借り入れることを決定するなど請求人の資金計画を行い，また，商品の仕入れ及び販売の計画並びに従業員の採用の諾否及び給与の決定を行うなど専ら自己の責任において請求人の業務を運営していることが認められるので，当該者は法人税法施行令第7条第1項第1号に規定する使用人以外の者で請求人の経営に従事している者に該当し，同法第2条第15号に規定する役員に当たるから，同人に支給された賞与の額を役員賞与として損金の額に算入しなかった原処分は適法である（昭和55年2月20日裁決）。

2　本事例の場合

　貴社は同族会社で乙は総務部長で役員ではありませんが，代表取締役甲の配偶者であることから，第1順位の株主グループに属していること，また，乙の配偶者の代表取締役甲は貴社の株式の100％を所有していることから，乙は貴社の株式を所有していないとしても，上記 **1** (2)の①から③の要件のすべてに該当していますが，乙が貴社の経営に従事していなければみなし役員に該当しないものと考えられます。

第Ⅱ部　役員給与

1　概要

　内国法人がその役員に対して支給する給与（退職給与及びストック・オプションによるもの並びに使用人としての職務を有する役員に対して支給する当該職務に対するもの並びに事実を隠ぺいし、又は仮装して経理することによりその役員に対して支給する給与の額として損金の額に算入されないものを除きます。）のうち次に掲げる給与のいずれにも該当しないものの額は、その内国法人の各事業年度の所得の金額の計算上、損金の額に算入しないこととされています（法法34①）。
　(1)　定期同額給与（法法34①一）
　(2)　事前確定届出給与（法法34①二）
　(3)　利益連動給与で一定の要件を満たすもの（法法34①三）
　なお、内国法人がその役員に対して支給する給与の額のうち不相当に高額な部分の金額として政令で定める金額は、その内国法人の各事業年度の所得の金額の計算上、損金の額に算入しないこととされています（法法34②）。

第Ⅱ部　役員給与

2　定期同額給与

　定期同額給与とは，その支給時期が1月以下の一定の期間ごとである給与（以下「定期給与」といいます。）で当該事業年度の各支給時期における支給額が同額であるもの<u>その他これに準ずるものとして政令で定める給与</u>をいいます（法法34①一）。

　この<u>その他これに準ずるものとして政令で定める給与</u>とは，次に掲げる給与とされています（法令69①）。

(1)　定期給与で，次に掲げる改定（以下「給与改定」といいます。）がされた場合における当該事業年度開始の日又は給与改定前の最後の支給時期の翌日から給与改定後の最初の支給時期の前日又は当該事業年度終了の日までの間の各支給時期における支給額が同額であるもの

　①　当該事業年度開始の日の属する会計期間の開始の日から3月を経過する日（保険会社（保険業法第2条第2項（定義）に規定する保険会社をいいます。）にあっては，当該会計期間開始の日から4月を経過する日。①において「3月経過日等」といいます。）まで（定期給与の額の改定（継続して毎年所定の時期にされるものに限ります。）が3月経過日等後にされることについて特別の事情があると認められる場合にあっては，当該改定の時期）にされた定期給与の額の改定

　②　当該事業年度において当該内国法人の役員の職制上の地位の変更，その役員の職務の内容の重大な変更その他これらに類するやむを得ない事情（臨時改定事由）によりされたこれらの役員に係る定期給与の額の改定（①に掲げる改定を除きます。）

　③　当該事業年度において当該内国法人の経営の状況が著しく悪化したことその他これに類する理由（業績悪化改定事由）によりされた定期給与の額の改定（その定期給与の額を減額した改定に限り，①及び②に掲げる改定を除きます。）

(2)　継続的に供与される経済的な利益のうち，その供与される利益の額が毎

月おおむね一定であるもの

3 事前確定届出給与

(1) 事前確定届出給与

　事前確定届出給与とは，その役員の職務につき所定の時期に確定額を支給する旨の定めに基づいて支給する給与（定期同額給与及び利益連動給与（利益に関する指標を基礎として算定される給与をいいます。）を除くものとし，定期給与を支給しない役員に対して支給する給与（同族会社に該当しない内国法人が支給するものに限ります。）以外の給与にあっては政令で定めるところにより納税地の所轄税務署長にその定めの内容に関する届出（事前確定届出給与の届出）をしている場合における当該給与に限ります。）をいいます（法令34①二，法令69②，法規22の3①）。

　この法人税法第34条第1項第2号《事前確定届出給与》に規定する給与は，所定の時期に確定額を支給する旨の定めに基づいて支給される給与をいうのであるから，同号の規定に基づき納税地の所轄税務署長へ届け出た支給額と実際の支給額が異なる場合にはこれに該当しないこととなり，原則として，その支給額の全額が損金不算入となることとされています（法基通9－2－14）。

　なお，「確定額」には，現物資産により支給するもの，支給額の上限のみを定めたもの及び一定の条件を付すことにより支給額が変動するようなものは，これに含まれないこととされています（法基通9－2－15）。

(2) 事前確定届出給与に関する届出書の届出期限

　事前確定届出給与に関する届出は，次に掲げる日までに，財務省令で定める事項を記載した書類をもってしなければならないこととされています（法法34①二，法令69②）。

　　① 株主総会，社員総会又はこれらに準ずるもの（以下「株主総会等」といいます。）の決議により役員の職務につき所定の時期に確定額を支給する旨の定めをした場合には，次のうちいずれか早い日が事前確定届出給与

に関する届出書の届出期限となります。

　イ　当該決議をした日（同日がその職務の執行を開始する日後である場合にあっては，当該開始する日）から１月を経過する日

　ロ　当該事業年度開始の日の属する会計期間開始の日から４月を経過する日（保険会社にあっては，当該会計期間開始の日から５月を経過する日）

　　　この「職務の執行を開始する日」とは，その役員がいつから就任するかなど個々の事情によるのであるが，例えば，定時株主総会において役員に選任されその日に就任した者及び定時株主総会の開催日に現に役員である者（同日に退任する者を除きます。）にあっては，当該定時株主総会の開催日とされています（法基通９－２－16）。

② 新たに設立した内国法人がその役員のその設立のときに開始する職務につき所定の時期に確定額を支給する旨の定めをした場合にはその設立の日以後２月を経過する日が事前確定届出給与に関する届出書の届出期限となります。

③ 臨時改定事由により当該臨時改定事由に係る役員の職務につき事前確定届出給与に関する定めをした場合（当該役員の当該臨時改定事由が生ずる直前の職務につき事前確定届出給与の定めがあった場合を除きます。）は，次に掲げる日のうちいずれか遅い日が事前確定届出給与に関する届出書の届出期限となります。

　イ　上記①に掲げる日（上記②に該当する場合は，②に掲げる日）

　ロ　当該臨時改定事由が生じた日から１月を経過する日

　　　なお，臨時改定事由とは，当該事業年度において当該内国法人の役員の職制上の地位の変更，その役員の職務の内容の重大な変更その他これらに類するやむを得ない事情をいいます（法令69①一ロ）。

(3)　事前確定届出給与に関する変更届出書の届出期限

事前確定届出給与に規定する定めに基づいて支給する給与につき既に届出（以下「直前届出」といいます。）をしている内国法人が当該直前届出に係る定め

の内容を変更する場合において，その変更が次の区分に掲げる事由に基因するものであるときは，次に掲げる事由の区分に応じ次に定める日までに，財務省令で定める事項を記載した書類をもってしなければならないこととされています（法令69③，法規22の3②）。
(1) 臨時改定事由　当該臨時改定事由が生じた日から1月を経過する日
(2) 業績悪化改定事由

　　当該業績悪化改定事由によりその定めの内容の変更に関する株主総会等の決議をした日から1月を経過する日

　　ただし，当該変更前の当該直前届出に係る定めに基づく給与の支給の日（当該決議をした日後最初に到来するものに限ります。）が当該1月を経過する日前にある場合には，当該支給の日の前日

4　利益連動給与で一定の要件を満たすもの

　損金の額に算入することができる利益連動給与とは，同族会社に該当しない内国法人がその業務執行役員に対して支給する利益連動給与で次に掲げる要件を満たすもの（他の業務執行役員のすべてに対して次に掲げる要件を満たす利益連動給与を支給する場合に限ります。）をいいます（法法34①三，法令69⑥〜⑩，法規22の3③）。

(1) その算定方法が，当該事業年度の利益に関する指標（金融商品取引法第24条第1項（有価証券報告書の提出）に規定する有価証券報告書（③において「有価証券報告書」といいます。）に記載されるものに限ります。）を基礎とした客観的なもの（次に掲げる要件を満たすものに限ります。）であること。

① 確定額を限度としているものであり，かつ，他の業務執行役員に対して支給する利益連動給与に係る算定方法と同様のものであること。

② 当該事業年度開始の日の属する会計期間開始の日から3月を経過する日（保険会社にあっては，当該会計期間開始の日から4月を経過する日）までに，報酬委員会（会社法第404条第3項（委員会の権限等）の報酬委員会をいい，

当該内国法人の業務執行役員又は当該業務執行役員と政令で定める特殊の関係のある者がその委員になっているものを除きます。）が決定をしていることその他これに準ずる適正な手続として政令で定める手続を経ていること。
③　その内容が，②の決定又は手続の終了の日以後遅滞なく，有価証券報告書に記載されていることその他財務省令で定める方法により開示されていること。
(2)　利益に関する指標の数値が確定した後１月以内に支払われ，又は支払われる見込みであること。
(3)　損金経理をしていること。

5　過大な役員給与の損金不算入

　内国法人がその役員に対して支給する給与の額のうち不相当に高額な部分の金額として政令で定める金額は，その内国法人の各事業年度の所得の金額の計算上，損金の額に算入しないこととされています（法法34②）。
　この政令で定める金額とは，次に掲げる金額の合計額とされています（法令70）。
(1)　退職給与以外のものについては次に掲げる金額のうちいずれか多い金額
　①　内国法人が各事業年度においてその役員に対して支給した給与の額((3)に掲げる金額に相当する金額を除きます。)が，当該役員の職務の内容，その内国法人の収益及びその使用人に対する給与の支給の状況，その内国法人と同種の事業を営む法人でその事業規模が類似するものの役員に対する給与の支給の状況等に照らし，当該役員の職務に対する対価として相当であると認められる金額を超える場合におけるその超える部分の金額（その役員の数が２以上である場合には，これらの役員に係る当該超える部分の金額の合計額）
　②　定款の規定又は株主総会，社員総会若しくはこれらに準ずるものの決議により役員に対する給与として支給することができる金銭の額の限度

額若しくは算定方法又は金銭以外の資産（以下「支給対象資産」といいます。）の内容（以下「限度額等」といいます。）を定めている内国法人が，各事業年度においてその役員（当該限度額等が定められた給与の支給の対象となるものに限ります。）に対して支給した給与の額の合計額が当該事業年度に係る当該限度額及び当該算定方法により算定された金額並びに当該支給対象資産（当該事業年度に支給されたものに限ります。）の支給のときにおける価額に相当する金額の合計額を超える場合におけるその超える部分の金額（(3)に掲げる金額がある場合には，当該超える部分の金額から(3)に掲げる金額に相当する金額を控除した金額）

(2) 内国法人が各事業年度においてその退職した役員に対して支給した退職給与の額が，当該役員のその内国法人の業務に従事した期間，その退職の事情，その内国法人と同種の事業を営む法人でその事業規模が類似するものの役員に対する退職給与の支給の状況等に照らし，その退職した役員に対する退職給与として相当であると認められる金額を超える場合におけるその超える部分の金額

(3) 使用人兼務役員の使用人としての職務に対する賞与で，他の使用人に対する賞与の支給時期と異なる時期に支給したものの額

6 事実を隠ぺいし又は仮装して経理をすることによりその役員に対して支給する給与の損金不算入

　内国法人が事実を隠ぺいし又は仮装して経理をすることによりその役員に対して支給する給与の額は，その内国法人の各事業年度の所得の金額の計算上，損金の額に算入しないこととされています（法法34③）。

第Ⅱ部 役員給与

定期同額給与関係

Q7 | 定時株主総会による定期給与の額の改定

当社は製造業を営む3月決算法人です。

当社は前期の平成24年3月期の定時株主総会を平成24年5月25日に開催し役員報酬の総額を決議し、役員個々の具体的な支給額についてはその総会直後に開催された同日の取締役会において決議しています。その際、代表取締役甲に対する定期給与を下記のように改定し6月分の給与から支給することにしました。

なお、当社の給与の支給は毎月20日です。

	改定前	改定後
代表取締役甲	80万円	100万円

期中に役員に対する定期給与を増額した場合には、定期同額給与に該当せず、損金の額に算入されないと聞いたのですが、当社の場合も定期同額給与に該当しないことになりますか。

（代表取締役甲に対する定期給与の増額改定）

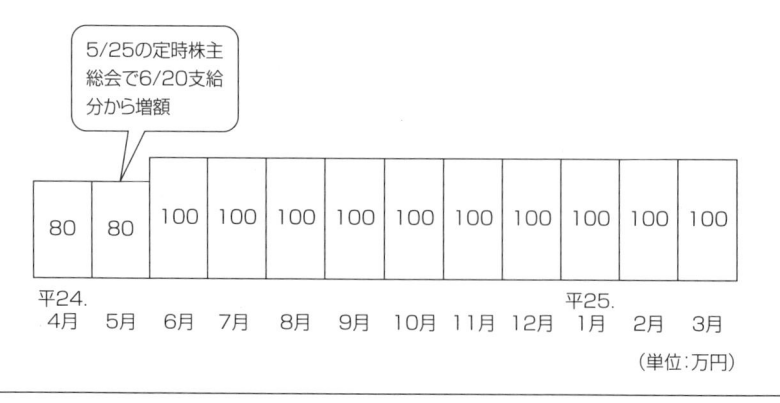

5/25の定時株主総会で6/20支給分から増額

平24.4月	5月	6月	7月	8月	9月	10月	11月	12月	平25.1月	2月	3月
80	80	100	100	100	100	100	100	100	100	100	100

（単位：万円）

ANSWER

　当該事業年度開始の日の属する会計期間の開始の日（平成24年4月1日）から3月を経過する日までにされた定期給与の額の改定で，次に掲げる各支給時期における支給額がそれぞれ同額であれば，定期同額給与に該当し，それぞれ損金算入が認められるものと考えられます。

(1) 当該事業年度開始の日（平成24年4月1日）から給与改定後の最初の支給時期の前日（平成24年6月19日）までの間の各支給時期
　　貴社の場合は平成24年4月20日と5月20日
(2) 給与改定前の最後の支給時期の翌日（平成24年5月21日）から当該事業年度終了の日（平成25年3月31日）までの間の各支給時期
　　貴社の場合は平成24年6月20日，7月20日，8月20日，9月20日，10月20日，11月20日，12月20日，平成25年1月20日，2月20日，3月20日

解説

1　定期同額給与

　内国法人がその役員に対して支給する給与のうち定期同額給与は，原則としてこれを支給するその内国法人の各事業年度の所得の金額計算上，損金の額に算入されることとされています（法法34①一，②）。

　定期同額給与とは，その支給時期が1月以下の一定の期間ごとである給与（以下「定期給与」といいます。）で当該事業年度の各支給時期における支給額が同額であるものその他これに準ずるものとして政令で定める給与をいいます（法法34①一）。

　このその他これに準ずるものとして政令で定める給与とは，次に掲げる給与とされています（法令69①）。

(1) 定期給与で，次に掲げる改定（以下「給与改定」といいます。）がされた場合における当該事業年度開始の日又は給与改定前の最後の支給時期の翌日

第Ⅱ部　役員給与

から給与改定後の最初の支給時期の前日又は当該事業年度終了の日までの間の各支給時期における支給額が同額であるもの
① 当該事業年度開始の日の属する会計期間の開始の日から<u>3月を経過する日</u>（保険会社（保険業法第2条第2項（定義）に規定する保険会社をいいます。）にあっては，当該会計期間開始の日から4月を経過する日。①において「3月経過日等」といいます。）まで（定期給与の額の改定（継続して毎年所定の時期にされるものに限ります。）が3月経過日等後にされることについて特別の事情があると認められる場合にあっては，当該改定の時期）<u>にされた定期給与の額の改定</u>
② 当該事業年度において当該内国法人の役員の職制上の地位の変更，その役員の職務の内容の重大な変更その他これらに類するやむを得ない事情（臨時改定事由）によりされたこれらの役員に係る定期給与の額の改定（①に掲げる改定を除きます。）
③ 当該事業年度において当該内国法人の経営の状況が著しく悪化したことその他これに類する理由（業績悪化改定事由）によりされた定期給与の額の改定（その定期給与の額を減額した改定に限り，①及び②に掲げる改定を除きます。）
(2) 継続的に供与される経済的な利益のうち，その供与される利益の額が毎月おおむね一定であるもの

2　本事例の場合

上記1のとおり，当該事業年度開始の日の属する会計期間の開始の日（平成24年4月1日）から3月を経過する日までにされた定期給与の額の改定で，次に掲げる各支給時期における支給額がそれぞれ同額であれば，定期同額給与に該当し，それぞれ損金算入が認められるものと考えられます。
(1) 当該事業年度開始の日（平成24年4月1日）から給与改定後の最初の支給時期の前日（平成24年6月19日）までの間の各支給時期
　　貴社の場合は平成24年4月20日と5月20日

(2) 給与改定前の最後の支給時期の翌日（平成24年5月21日）から当該事業年度終了の日（平成25年3月31日）までの間の各支給時期

　貴社の場合は平成24年6月20日，7月20日，8月20日，9月20日，10月20日，11月20日，12月20日，平成25年1月20日，2月20日，3月20日

第Ⅱ部　役員給与

定期同額給与関係

Q8　役員の担当部門の業績が好調による増額改定

　当社は製造業を営む3月決算法人です。

　当社は平成24年3月期の定時株主総会を平成24年5月25日に開催し取締役に係る定期給与は前年に決議された支給額と同額の決議を行い6月から支給しています。

　なお，当社の給与の支給は毎月20日です。

　取締役甲については，前期と同様に月額80万円の定期給与を支給することにしていましたが，その後，甲の統括する営業部門の業績が好調なことから，平成24年10月3日に取締役会を開催し，10月分の給与から20万円増額し100万円支給することに決議しました。

　当社は，平成24年10月からの取締役甲に対する定期給与の増額改定を行いましたが，定期同額給与として損金の額に算入できますか。

　なお，当社は平成25年3月期に係る法人税の確定申告書について申告期限前のため提出しておりません。

（取締役甲に対する定期給与の増額改定）

平24.4月	5月	6月	7月	8月	9月	10月	11月	12月	平25.1月	2月	3月
80	80	80	80	80	80	100	100	100	100	100	100

10/3の取締役会で10/20支給分から増額

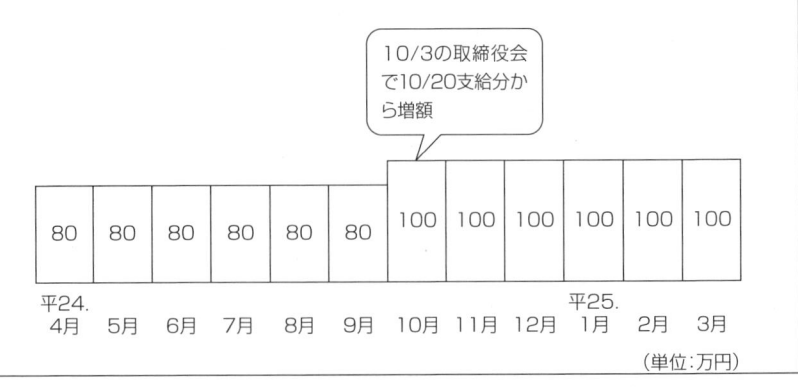

(単位:万円)

ANSWER

　貴社の平成24年10月からの取締役甲に対する定期給与の増額改定は3ヶ月以内の改定，臨時改定事由及び業績悪化改定事由のいずれにも該当しないことから，定期同額給与に該当しないものと考えられます。

　なお，損金不算入額は，増額改定後の定期給与の額のうち増額改定前の支給額に上乗せして支給した部分の金額120万円（20万円（100万円－80万円）×6ヶ月分（10月から翌年3月））となるものと考えられます。

解 説

1　定期同額給与

　内国法人がその役員に対して支給する給与のうち定期同額給与は，原則としてこれを支給するその内国法人の各事業年度の所得の金額の計算上，損金の額に算入されることとされています（法法34①一，②）。

　定期同額給与とは，その支給時期が1月以下の一定の期間ごとである給与（以下「定期給与」といいます。）で当該事業年度の各支給時期における支給額が同額であるものその他これに準ずるものとして政令で定める給与をいいます（法法34①一）。

　このその他これに準ずるものとして政令で定める給与とは，次に掲げる給与とされています（法令69①）。

(1)　定期給与で，次に掲げる改定（以下「給与改定」といいます。）がされた場合における当該事業年度開始の日又は給与改定前の最後の支給時期の翌日から給与改定後の最初の支給時期の前日又は当該事業年度終了の日までの間の各支給時期における支給額が同額であるもの

　① 　当該事業年度開始の日の属する会計期間の開始の日から3月を経過する日（保険会社（保険業法第2条第2項（定義）に規定する保険会社をいいます。）にあっては，当該会計期間開始の日から4月を経過する日。①において「3月経過日等」といいます。）まで（定期給与の額の改定（継続して毎年所定の時

第Ⅱ部　役員給与

期にされるものに限ります。）が３月経過日等後にされることについて特別の事情があると認められる場合にあっては、当該改定の時期）にされた定期給与の額の改定

　この「３月経過日等後にされることについて特別の事情があると認められる場合」とは、例えば、次のような事情により定期給与の額の改定が３月経過日等後にされる場合をいうこととされています（法基通９－２－12の２）。

イ　全国組織の協同組合連合会等でその役員が下部組織である協同組合等の役員から構成されるものであるため、当該協同組合等の定時総会の終了後でなければ当該協同組合連合会等の定時総会が開催できないこと

ロ　監督官庁の決算承認を要すること等のため、３月経過日等後でなければ定時総会が開催できないこと

ハ　法人の役員給与の額がその親会社の役員給与の額を参酌して決定されるなどの常況にあるため、当該親会社の定時株主総会の終了後でなければ当該法人の役員の定期給与の額の改定に係る決議ができないこと

②　当該事業年度において当該内国法人の役員の職制上の地位の変更、その役員の職務の内容の重大な変更その他これらに類するやむを得ない事情（臨時改定事由）によりされたこれらの役員に係る定期給与の額の改定（①に掲げる改定を除きます。）

　この「役員の職制上の地位の変更、その役員の職務の内容の重大な変更その他これらに類するやむを得ない事情」とは、例えば、定時株主総会後、次の定時株主総会までの間において社長が退任したことに伴い臨時株主総会の決議により副社長が社長に就任する場合や、合併に伴いその役員の職務の内容が大幅に変更される場合をいうこととされている（法基通９－１－12の３）。

③　当該事業年度において当該内国法人の経営の状況が著しく悪化したことその他これに類する理由（業績悪化改定事由）によりされた定期給与の額の改定（その定期給与の額を減額した改定に限り、①及び②に掲げる改定を

除きます。)

(2) 継続的に供与される経済的な利益のうち，その供与される利益の額が毎月おおむね一定であるもの

そうすると，本事例の場合は上記(1)①から③のいずれにも該当しないことになりますが，本事例のように事業年度の中途において役員に対する定期給与の増額改定が行われた場合で，法人税法施行令第69条第1項第1号に掲げる改定（上記(1)①から③）以外の増額改定後の各支給時期における支給額が同額であるときなどは，増額改定後の期間（平成24年10月から平成25年3月）において増額改定前の支給額（月額80万円）に改定による増額分（20万円）を上乗せして支給されたものともみることができると考えられることから，上乗せ支給された定期給与とみられる部分のみが損金不算入になるものと考えられます。

したがって，損金不算入額は，増額改定後の定期給与の額のうち増額改定前の支給額に上乗せして支給した部分の金額120万円（20万円（100万円－80万円）×6ケ月分（10月から翌年3月））となるものと考えられます。

2　本事例の場合

上記1のとおり，貴社の平成24年10月からの取締役甲に対する定期給与の増額改定は3ケ月以内の改定，臨時改定事由及び業績悪化改定事由のいずれにも該当しないため，定期同額給与に該当しないものと考えられます。

なお，損金不算入額は，増額改定後の定期給与の額のうち増額改定前の支給額に上乗せして支給した部分の金額120万円（20万円（100万円－80万円）×6ケ月分（10月から翌年3月））となるものと考えられます。

3　申告調整

貴社が甲に対して支給した損金不算入額は，増額改定後の定期給与の額のうち増額改定前の支給額に上乗せして支給した部分の金額120万円（20万円（100万円－80万円）×6ケ月分（10月から翌年3月））となるものと考えられますので申告調整で加算することになります。

第Ⅱ部　役員給与

《平成25年3月期》

【会社経理】

（借）役員報酬　10,800,000　　（貸）現預金　10,800,000

（注）源泉所得税の処理は省略しています。

【申告調整】

別表四（簡易様式）

所得の金額の計算に関する明細書（簡易様式）

事業年度　24・3・31／25・3・31　法人名

区　分		総　額 ①	処分	
			留保 ②	社外流出 ③
当期利益又は当期欠損の額	1	円	円	配当　円 / その他
加算	損金の額に算入した法人税（附帯税を除く。）	2			
	損金の額に算入した道府県民税（利子割額を除く。）及び市町村民税	3			
	損金の額に算入した道府県民税利子割額	4			
	損金の額に算入した納税充当金	5			
	損金に算入した附帯税（利子税を除く。）、加算金、延滞金（延納分を除く。）及び過怠税	6			その他
	減価償却の償却超過額	7			
	役員給与の損金不算入額	8	1,200,000		その他　1,200,000
	交際費等の損金不算入額	9			その他
		10			
		11			
		12			
	小　計	13			

定期同額給与関係

Q9 定時株主総会（6月開催）の翌月分（7月分）から役員に対する定期給与を増額した場合

当社は卸売業を営む3月決算法人です。

当社は前期の平成24年3月期の定時株主総会を当期の平成24年6月25日に開催し，その総会直後に開催された同日の取締役会において代表取締役甲に対する定期給与を80万円から100万円に改定し，6月分の給与からではなく，7月分の給与から増額改定することにしましたが，定期同額給与として損金の額に算入されますか。

なお，当社の給与の支給日は毎月月末です。

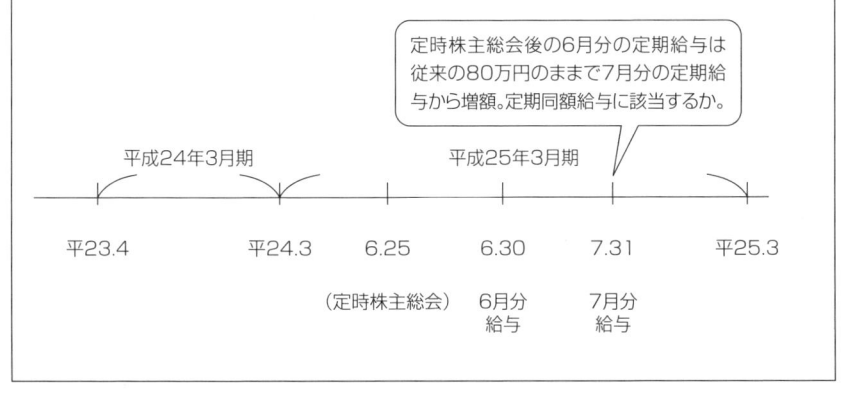

> 定時株主総会後の6月分の定期給与は従来の80万円のままで7月分の定期給与から増額。定期同額給与に該当するか。

```
        平成24年3月期            平成25年3月期
├─────────────┤─────┼─────┼─────┼─────┤
平23.4        平24.3  6.25   6.30   7.31   平25.3
                    (定時株主総会) 6月分   7月分
                                  給与    給与
```

ANSWER

平成24年6月25日から開始する翌職務執行期間に係る最初の給与の支給時期を定時株主総会直後に到来する平成24年6月30日ではなく，その翌月の7月31日であるとする定めも一般的と考えられることから，次に掲げる各支給時期における支給額がそれぞれ同額であれば，それぞれが定期同額給与に該当し損金の額に算入されるものと考えられます。

第Ⅱ部　役員給与

① 当該事業年度開始の日（平成24年4月1日）から給与改定後の最初の支給期日の前日（7月30日）まで間の各支給時期

　　平成24年4月30日，5月31日，6月30日

② 給与改定前の最後の支給時期の翌日（平成24年7月1日）から当該事業年度終了（平成25年3月31日）の日までの間の各支給時期

　　平成24年7月31日，8月31日，9月30日，10月31日，11月30日，12月31日，平成25年1月31日，平成25年2月28日，平成25年3月31日

解説

1　定期同額給与

　内国法人がその役員に対して支給する給与のうち定期同額給与は，原則としてこれを支給するその内国法人の各事業年度の所得の金額の計算上，損金の額に算入されることとされています（法法34①一，②）。

　定期同額給与とはその支給時期が1月以下の一定の期間ごとである給与（以下「定期給与」といいます。）で当該事業年度の各支給時期における支給額が同額であるものその他これに準ずるものとして政令で定める給与をいいます（法法34①一）。

　このその他これに準ずるものとして政令で定める給与とは，次に掲げる給与とされています（法令69①）。

(1)　定期給与で，次に掲げる改定（以下「給与改定」といいます。）がされた場合における当該事業年度開始の日又は給与改定前の最後の支給時期の翌日から給与改定後の最初の支給時期の前日又は当該事業年度終了の日までの間の各支給時期における支給額が同額であるもの

　① 当該事業年度開始の日の属する会計期間の開始の日から3月を経過する日（保険会社（保険業法第2条第2項（定義）に規定する保険会社をいいます。）にあっては，当該会計期間開始の日から4月を経過する日。①において「3月経過日等」といいます。）まで（定期給与の額の改定（継続して毎年所定の時

期にされるものに限ります。）が３月経過日等後にされることについて特別の事情があると認められる場合にあっては，当該改定の時期）にされた定期給与の額の改定

② 当該事業年度において当該内国法人の役員の職制上の地位の変更，その役員の職務の内容の重大な変更その他これらに類するやむを得ない事情（以下「臨時改定事由」といいます。）によりされたこれらの役員に係る定期給与の額の改定（①に掲げる改定を除きます。）

③ 当該事業年度において当該内国法人の経営の状況が著しく悪化したことその他これに類する理由（以下「業績悪化改定事由」といいます。）によりされた定期給与の額の改定（その定期給与の額を減額した改定に限り，①及び②に掲げる改定を除きます。）

(2) 継続的に供与される経済的な利益のうち，その供与される利益の額が毎月おおむね一定であるもの

　貴社の場合は，役員に対する定期給与の支給日を毎月末日としていることから，平成24年6月25日に開催した定時株主総会で，定期給与の増額改定を決議した後，同月末日である6月30日に給与の支給日が到来することから，給与改定後の最初の支給時期が平成24年6月30日となり，「当該事業年度開始の日から給与改定後の最初の支給時期の前日まで」を平成24年4月1日から6月29日までと「給与改定前の最後の支給時期の翌日から当該事業年度終了の日までの間の各支給時期における支給額が同額であるもの」を平成24年6月1日から平成25年3月31日までとすると，7月31日の支給分から給与を増額した場合には定期同額給与に該当しないのではないかという疑問が生じます。

　この点について，国税庁から平成20年12月に公表された「役員給与に関するＱ＆Ａ」Ｑ２の解説によれば，「役員の職務執行期間は，一般に定時株主総会の開催日から翌年の定時株主総会の開催日までの期間であると解され，定時株主総会における定期給与の額の改定は，その定時株主総会の開催日から開始する新たな職務執行期間（以下「翌職務執行期間」といいます。）に係る給与の額を定めるものであると考えられます。」とし，「6月25日から開始する翌職務執

第Ⅱ部　役員給与

行期間に係る最初の給与の支給時期を，定時株主総会直後に到来する6月30日ではなく，その翌月の7月31日であるとする定めも一般的と考えられます。したがって，次の①又は②に掲げる各支給時期における支給額が同額の場合には，それぞれが定期同額給与に該当することとなります。」との考え方を示しています。

①　当該事業年度開始の日（4月1日）から給与改定後の最初の支給期日の前日（7月30日）まで間の各支給時期

4月30日，5月31日，6月30日

②　給与改定前の最後の支給時期の翌日（7月1日）から当該事業年度終了の日（3月31日）までの間の各支給時期

7月31日，8月31日，・・・，3月31日

2　本事例の場合

上記1のとおり，平成24年6月25日から開始する翌職務執行期間に係る最初の給与の支給時期を，定時株主総会直後に到来する6月30日ではなく，その翌月の7月31日であるとする定めも一般的と考えられることから，次に掲げる各支給時期における支給額がそれぞれ同額であれば，それぞれが定期同額給与に該当するものと考えられます。

①　当該事業年度開始の日（平成24年4月1日）から給与改定後の最初の支給期日の前日（平成24年7月30日）までの間の各支給時期

4月30日，5月31日，6月30日

②　給与改定前の最後の支給時期の翌日（平成24年7月1日）から当該事業年度終了（平成25年3月31日）の日までの間の各支給時期

平成24年7月31日，8月31日，9月30日，10月31日，11月30日，12月31日，平成25年1月31日，平成25年2月28日，平成25年3月31日

定期同額給与関係

Q10 定期給与を期首から増額改定し一括支給した場合

　当社は卸売業を営む3月決算法人です。

　当社は前期の平成24年3月期の定時株主総会を5月25日に開催しその総会直後に開催された同日の取締役会において、代表取締役甲に対する定期給与を6月から月額80万円を100万円に増額改定するとともに、期首の平成24年4月分の定期給与から遡及して増額（80万円から100万円）することにし、6月に40万円（20万円（100万円－80万円）×2ヶ月（4月分及び5月分））を本来の役員の定期給与100万円のほかに支給しました。

　なお、当社の給与の支給は毎月20日です。

　当社は平成24年6月に代表取締役甲に対する定期給与を期首（4月分）から増額改定して一括支給した増額分40万円について定期同額給与に該当し損金の額に算入されると考えていますが、それでよろしいですか。

　また、当社は平成25年3月期に係る法人税の確定申告書について申告期限前のため提出しておりません。

第Ⅱ部　役員給与

> 4月及び5月分を遡及して増額した分40万円（20万円×2ケ月分）を6月に一括支給したが、定期同額給与として損金の額に算入されるか。

平24.4月	5月	6月	7月	8月	9月	10月	11月	12月	平25.1月	2月	3月
80	80	20+20+100	100	100	100	100	100	100	100	100	100

（単位：万円）

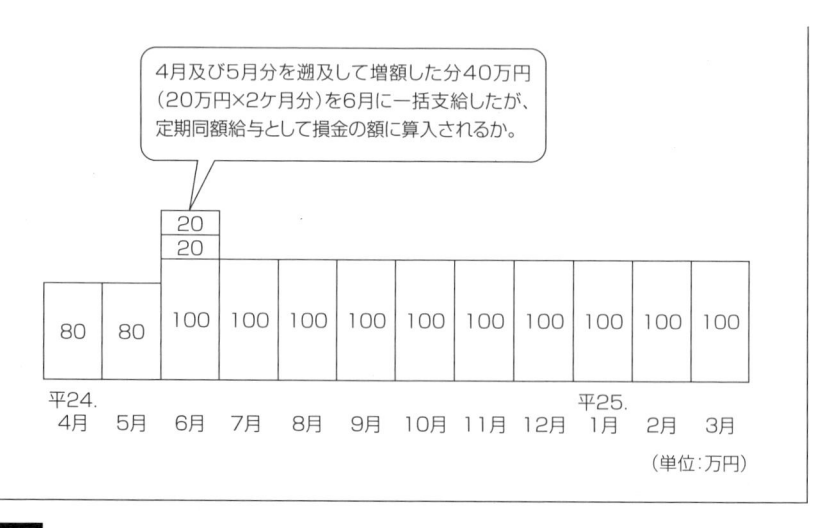

ANSWER

　貴社が甲に対して平成24年6月に期首から定期給与を増額改定して一括支給した増額分40万円（20万円（100万円－80万円）×2ケ月（4月分及び5月分））は、定期同額給与として損金の額に算入することはできないものと考えられます。

解説

1　役員給与の税務上の取扱い

　内国法人がその役員に対して支給する給与（退職給与及びストック・オプションによるもの並びに使用人としての職務を有する役員に対して支給する当該職務に対するもの並びに事実を隠ぺいし、又は仮装して経理することによりその役員に対して支給する給与の額として損金の額に算入されないものを除きます。）のうち次に掲げる給与のいずれにも該当しないものの額は、その内国法人の各事業年度の所得の金額の計算上、損金の額に算入しないこととされています（法法34①）。

（1）　定期同額給与（法法34①一）

　　　定期同額給与とはその支給時期が1月以下の一定の期間ごとである給与（以下「定期給与」といいます。）で当該事業年度の各支給時期における支給

額が同額であるものその他これに準ずるものとして政令で定める給与をいいます。

　このその他これに準ずるものとして政令で定める給与とは，次に掲げる給与とされています（法法34①，法令69①）。

① 定期給与で，次に掲げる改定（以下「給与改定」といいます。）がされた場合における当該事業年度開始の日又は給与改定前の最後の支給時期の翌日から給与改定後の最初の支給時期の前日又は当該事業年度終了の日までの間の各支給時期における支給額が同額であるもの

イ　当該事業年度開始の日の属する会計期間の開始の日から３月を経過する日（保険会社（保険業法第２条第２項（定義）に規定する保険会社をいいます。）にあっては，当該会計期間開始の日から４月を経過する日。イにおいて「３月経過日等」といいます。）まで（定期給与の額の改定（継続して毎年所定の時期にされるものに限ります。）が３月経過日等後にされることについて特別の事情があると認められる場合にあっては，当該改定の時期）にされた定期給与の額の改定

ロ　当該事業年度において当該内国法人の役員の職制上の地位の変更，その役員の職務の内容の重大な変更その他これらに類するやむを得ない事情によりされたこれらの役員に係る定期給与の額の改定（イに掲げる改定を除きます。）

ハ　当該事業年度において当該内国法人の経営の状況が著しく悪化したことその他これに類する理由によりされた定期給与の額の改定（その定期給与の額を減額した改定に限り，イ及びロに掲げる改定を除きます。）

② 継続的に供与される経済的な利益のうち，その供与される利益の額が毎月おおむね一定であるもの

(2) 事前確定届出給与（法法34①二）

(3) 利益連動給与で一定の要件を満たすもの（法法34①三）

なお，内国法人がその役員に対して支給する給与の額のうち不相当に高額な部分の金額として政令で定める金額は，その内国法人の各事業年度の所得の金

第Ⅱ部　役員給与

額の計算上，損金の額に算入しないこととされています（法法34②）。

　これらの役員給与は，いずれもその役員の職務執行期間開始前にその職務に対する給与の額が定められているなど支給時期，支給金額について「事前」に定められているものに限られていることから，既に終了した職務に対して，「事後」に給与の額を増額して支給したものは，上記のいずれにも該当しないため，当該事業年度の損金の額に算入されないものと考えられます。

　従来は既往に遡及して役員報酬の支給限度額を増額改定することについて株主総会等における決議が行われた場合において，その決議が定時に開催される株主総会，社員総会その他これらに準ずるものにおいて行われ，かつ，その増額改定がその決議の日の属する事業年度開始の日以後に行われることになっているときは，その決議に基づき遡及して適用される期間に係る報酬の増額分として一括して支給される金額は，役員報酬として取り扱うこととされていましたが（旧法基通9－2－9の2），平成19年3月13日付「法人税基本通達等の一部改正について」（法令解釈通達）により，この通達は廃止されました。

2　本事例の場合

　上記1のとおり，貴社が甲に対して平成24年6月に定期給与を期首から増額改定して一括支給した増額分40万円（20万円（100万円－80万円）×2ヶ月（4月分及び5月分））は，平成24年5月25日の定時株主総会で期首に遡及して増額改定したものであり，既に終わった役務に対するものであることから，定期同額給与として認められないものと考えられます。

3　申告調整

　貴社が甲に対して平成24年6月に定期給与を期首から増額改定して一括支給した増額分40万円（20万円（100万円－80万円）×2ヶ月（4月分及び5月分））は，定期同額給与として損金の額に算入することはできないので申告調整で加算することになります。

《平成25年3月期》

【会社経理】

(借)役員報酬 12,000,000　　(貸)現　預　金 12,000,000

(注)源泉所得税の処理は省略しています。

【申告調整】

別表四(簡易様式)

所得の金額の計算に関する明細書(簡易様式)

事業年度 24・4・1 / 25・3・31　法人名

区　分		総　額 ①	処　分	
			留　保 ②	社外流出 ③
当期利益又は当期欠損の額	1	円	円	配当 / その他 　円
損金の額に算入した法人税(附帯税を除く。)	2			
損金の額に算入した道府県民税(利子割額を除く。)及び市町村民税	3			
損金の額に算入した道府県民税利子割額	4			
損金の額に算入した納税充当金	5			
加 / 損金の額に算入した附帯税(利子税を除く。)、加算金、延滞金(延納分を除く。)及び過怠税	6			その他
減価償却の償却超過額	7			
役員給与の損金不算入額	8	400,000		その他　400,000
交際費等の損金不算入額	9			その他
算	10			
	11			
	12			
小　計	13			

第Ⅱ部　役員給与

定期同額給与関係

Q11 特別な事情があると認められる場合

　当社は卸売業を営む３月決算法人です。
　当社の親会社の甲社（上場法人１部：決算期３月期）は当社の株式を100％所有しています。
　当社の役員に対する定期給与の額は親会社甲社の役員給与の額を斟酌して決定されるなどの状況にあるため、親会社である甲社の定時株主総会が平成24年6月27日であることから当社の役員の定期給与の額の改定は７月でないと決議できない状況になっています。
　聞くところによりますと、役員の定期給与の改定は期首から３ケ月以内に行うことが必要だそうですが、当社のように役員に対する定期給与の改定が期首から３ケ月経過日後に行われる場合には、定期同額給与に該当しないことになるのですか。
　なお、当社は毎期継続して甲社の定時株主総会後の７月に親会社の役員給与の額を斟酌して当社の役員に対する定期給与の額の改定を行い８月から改定後の金額を支給しています。

```
（親会社甲社）
         ├─── 平成24年3月期 ───┤
─────────┼──────────────────────┼──────┼──────────────
    平23.4                   平24.3  平24.6.27
                                    （定時株主総会）
```

> 親会社の役員給与の額を参酌して決定される常況にあることは特別の事情に該当するか。

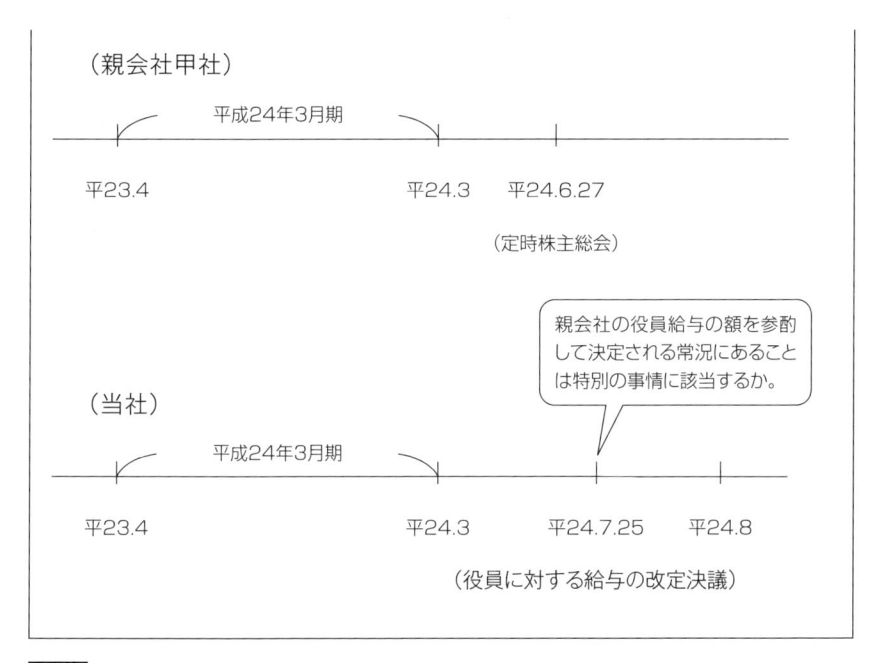

```
（当社）
         ├─── 平成24年3月期 ───┤
─────────┼──────────────────────┼──────┼───────┼──────
    平23.4                   平24.3  平24.7.25  平24.8
                                    （役員に対する給与の改定決議）
```

ANSWER

　貴社の役員に対する定期給与の改定は事業年度開始の日から3ケ月経過日後に行われますが，貴社の役員に対する定期給与は親会社甲社の役員給与の額を斟酌して決定されるなどの状況にあるため，親会社の甲社の定時株主総会の終了後でなければ貴社の役員に対する定期給与の額の改定に係る決議ができないことからすると，特別の事情があると認められる場合に該当し，貴社が支給する役員に対する定期給与は定期同額給与に該当し損金の額に算入できるものと考えられます。

解 説

1　定期同額給与

　内国法人がその役員に対して支給する給与のうち定期同額給与は，原則としてこれを支給するその内国法人の各事業年度の所得の金額の計算上，損金の額

第Ⅱ部 役員給与

に算入されることとされています（法法34①一，②）。

　定期同額給与とはその支給時期が１月以下の一定の期間ごとである給与（以下「定期給与」といいます。）で当該事業年度の各支給時期における支給額が同額であるものその他これに準ずるものとして政令で定める給与をいいます（法法34①）。

　このその他これに準ずるものとして政令で定める給与とは，次に掲げる給与とされています（法令69①）。

(1)　定期給与で，次に掲げる改定（以下「給与改定」といいます。）がされた場合における当該事業年度開始の日又は給与改定前の最後の支給時期の翌日から給与改定後の最初の支給時期の前日又は当該事業年度終了の日までの間の各支給時期における支給額が同額であるもの

　① 当該事業年度開始の日の属する会計期間の開始の日から３月を経過する日（保険会社（保険業法第２条第２項（定義）に規定する保険会社をいいます。）にあっては，当該会計期間開始の日から４月を経過する日。①において「３月経過日等」といいます。）まで（定期給与の額の改定（継続して毎年所定の時期にされるものに限ります。）が３月経過日等後にされることについて<u>特別の事情があると</u>認められる場合にあっては，当該改定の時期）にされた定期給与の額の改定

　② 当該事業年度において当該内国法人の役員の職制上の地位の変更，その役員の職務の内容の重大な変更その他これらに類するやむを得ない事情（臨時改定事由）によりされたこれらの役員に係る定期給与の額の改定（①に掲げる改定を除きます。）

　③ 当該事業年度において当該内国法人の経営の状況が著しく悪化したことその他これに類する理由（業績悪化改定事由）によりされた定期給与の額の改定（その定期給与の額を減額した改定に限り，①及び②に掲げる改定を除きます。）

(2)　継続的に供与される経済的な利益のうち，その供与される利益の額が毎月おおむね一定であるもの

この「3月経過日等後にされることについて特別の事情があると認められる場合」とは，例えば，次のような事情により定期給与（法人税法第34条第1項第1号《定期同額給与》に規定する定期給与をいいます。）の額の改定が3月経過日等後にされる場合をいうこととされています（法基通9－2－12の2）。

イ　全国組織の協同組合連合会等でその役員が下部組織である協同組合等の役員から構成されるものであるため，当該協同組合等の定時総会の終了後でなければ当該協同組合連合会等の定時総会が開催できないこと

ロ　監督官庁の決算承認を要すること等のため，3月経過日等後でなければ定時総会が開催できないこと

ハ　法人の役員給与の額がその<u>親会社の役員給与の額を参酌して決定されるなどの状況</u>にあるため，当該親会社の定時株主総会の終了後でなければ当該法人の役員の定期給与の額の改定に係る決議ができないこと

2　本事例の場合

　上記1のとおり，貴社の役員に対する定期給与の改定は事業年度開始の日から3ケ月経過日後に行われますが，貴社の役員に対する定期給与は親会社甲社の役員給与の額を斟酌して決定されるなどの状況にあるため，親会社の甲社の定時株主総会の終了後でなければ貴社の役員に対する定期給与の額の改定に係る決議ができないことからすると，特別の事情があると認められる場合に該当し，貴社が支給する役員に対する定期給与は定期同額給与に該当し損金の額に算入できるものと考えられます。

第Ⅱ部　役員給与

定期同額給与関係

Q12 前代表取締役の急逝による代表取締役就任に伴う定期給与の増額改定

　当社は卸売業を営む3月決算法人です。

　当社の代表取締役甲が急逝したため，当社は平成24年11月30日に取締役会を開催し専務取締役乙を代表取締役に選任しました。

　その際，乙に対する定期給与を12月分から月額80万円を前任者である甲と同じ100万円に増額改定する旨の決議を行いました。

　なお，当社の給与支給日は毎月20日です。

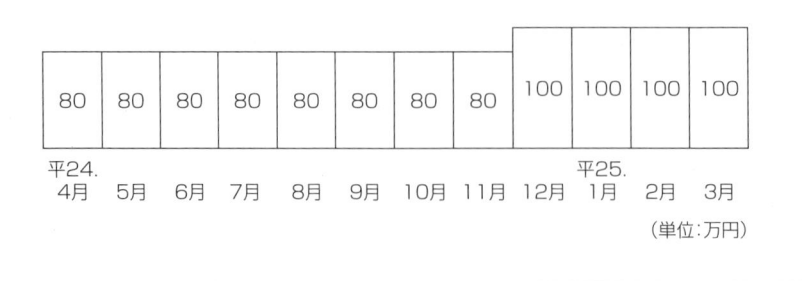

　この場合に，乙に対する定期給与の増額改定は，臨時改定事由に該当し，当社が乙に支給する定期給与は定期同額給与として損金の額に算入されますか。

　なお，当社は平成24年3月期の定時株主総会を平成24年5月25日に開催し取締役に係る定期給与は前年に決議された支給額と同額の決議を行い6月から支給しています。

（乙に対する定期給与の増額改定）

80	80	80	80	80	80	80	80	100	100	100	100
平24.4月	5月	6月	7月	8月	9月	10月	11月	12月	平25.1月	2月	3月

（単位：万円）

ANSWER

　貴社が乙に対して行った定期給与の増額改定は，臨時改定事由に該当します。
　したがって，貴社が乙に対して支給する定期給与は定期同額給与として損金の額に算入されるものと考えられます。

解説

1　定期同額給与

　内国法人がその役員に対して支給する給与のうち定期同額給与は，原則としてこれを支給するその内国法人の各事業年度の所得の金額の計算上，損金の額に算入されることとされています（法法34①一，②）。

　定期同額給与とは，その支給時期が1月以下の一定の期間ごとである給与（以下「定期給与」といいます。）で当該事業年度の各支給時期における支給額が同額であるものその他これに準ずるものとして政令で定める給与をいいます（法法34①）。

　このその他これに準ずるものとして政令で定める給与とは，次に掲げる給与とされています（法令69①）。

(1)　定期給与で，次に掲げる改定（以下「給与改定」といいます。）がされた場合における当該事業年度開始の日又は給与改定前の最後の支給時期の翌日から給与改定後の最初の支給時期の前日又は当該事業年度終了の日までの間の各支給時期における支給額が同額であるもの

　① 当該事業年度開始の日の属する会計期間の開始の日から3月を経過する日（保険会社（保険業法第2条第2項（定義）に規定する保険会社をいいます。）にあっては，当該会計期間開始の日から4月を経過する日。①において「3月経過日等」といいます。）まで（定期給与の額の改定（継続して毎年所定の時期にされるものに限ります。）が3月経過日等後にされることについて特別の事情があると認められる場合にあっては，当該改定の時期）にされた定期給与の額の改定

② 当該事業年度において当該内国法人の役員の職制上の地位の変更，その役員の職務の内容の重大な変更その他これらに類するやむを得ない事情（臨時改定事由）によりされたこれらの役員に係る定期給与の額の改定（①に掲げる改定を除きます。）

③ 当該事業年度において当該内国法人の経営の状況が著しく悪化したことその他これに類する理由（業績悪化改定事由）によりされた定期給与の額の改定（その定期給与の額を減額した改定に限り，①及び②に掲げる改定を除きます。）

(2) 継続的に供与される経済的な利益のうち，その供与される利益の額が毎月おおむね一定であるもの

この「役員の職制上の地位の変更，その役員の職務の内容の重大な変更その他これらに類するやむを得ない事情」とは，例えば，定時株主総会後，次の定時株主総会までの間において社長が退任したことに伴い臨時株主総会の決議により副社長が社長に就任する場合や，合併に伴いその役員の職務の内容が大幅に変更される場合をいうこととされています（法基通9－2－12の3）。

なお，役員の職制上の地位とは，定款等の規定又は総会若しくは取締役会の決議等により付与されたものをいいます（法基通9－2－12の3（注））。

2 本事例の場合

上記1のとおり，本事例の場合は，代表取締役甲の急逝に伴う専務取締役乙の代表取締役就任に伴う定期給与の増額改定であることから，役員の職制上の地位の変更に該当するため，臨時改定事由に該当するものと考えられます。

したがって，貴社が乙に対して支給する定期給与は定期同額給与として損金の額に算入されるものと考えられます。

定期同額給与関係

Q13 合併に伴いその役員の職務の内容が大幅に変更された場合

　当社は，製造業を営む3月決算法人です。

　当社には販売子会社A社（3月決算）がありますが，この度，当社（合併法人）はA社（被合併法人）と平成24年11月1日に合併しました。

　当社の取締役甲（財務担当で定期給与として月額60万円支給）は，A社の取締役（営業担当で定期給与として月額40万円支給）を兼務しており，合併後は当社の取締役（財務担当兼営業担当）として業務を担当することになります。

　合併後の平成24年11月の給与支給分から，当社は甲に対して支給する定期給与の額を合併前の当社の支給額60万円とA社の支給額40万円の合計100万円を支給することにしました。

　この場合，当社が甲に対する定期給与の増額改定は，臨時改定事由に該当し，定期同額給与として損金の額に算入されますか。

　なお，当社及びA社は平成24年3月期の定時株主総会を平成24年5月25日に開催し取締役に係る定期給与は前年に決議された支給額と同額の決議を行い6月から支給しています。

第Ⅱ部　役員給与

（当社から甲に対する定期給与）

平24. 4月	5月	6月	7月	8月	9月	10月	11月	12月	平25. 1月	2月	3月
60	60	60	60	60	60	60	100	100	100	100	100

平24.11.1当社とA社合併

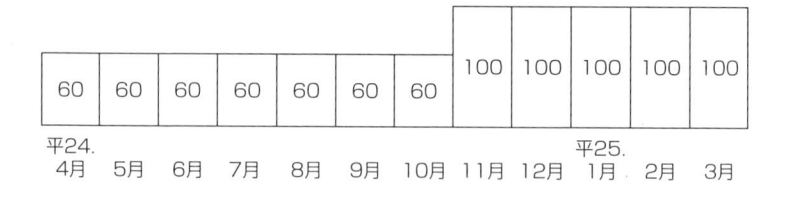

（A社から甲に対する定期給与）

平24. 4月	5月	6月	7月	8月	9月	10月
40	40	40	40	40	40	40

（単位：万円）

ANSWER

　取締役甲に対する定期給与の額の増額改定は，貴社がA社と合併することにより甲の職務の内容が合併前の財務担当から，販売子会社で行っていた営業担当も加わることから，甲の職務内容が大幅に変更される場合に該当し臨時改定事由に該当するものと考えられます。

　したがって，貴社が甲に対して支給する定期給与は定期同額給与として損金の額に算入されるものと考えられます。

解　説

1　定期同額給与

　内国法人がその役員に対して支給する給与のうち定期同額給与は，原則としてこれを支給するその内国法人の各事業年度の所得の金額の計算上，損金の額

に算入されることとされています（法法34①一，②）。

　定期同額給与とはその支給時期が１月以下の一定の期間ごとである給与（以下「定期給与」といいます。）で当該事業年度の各支給時期における支給額が同額であるものその他これに準ずるものとして政令で定める給与をいいます（法法34①）。

　このその他これに準ずるものとして政令で定める給与とは，次に掲げる給与とされています（法令69①）。

(1) 定期給与で，次に掲げる改定（以下「給与改定」といいます。）がされた場合における当該事業年度開始の日又は給与改定前の最後の支給時期の翌日から給与改定後の最初の支給時期の前日又は当該事業年度終了の日までの間の各支給時期における支給額が同額であるもの

　① 当該事業年度開始の日の属する会計期間の開始の日から３月を経過する日（保険会社（保険業法第２条第２項（定義）に規定する保険会社をいいます。）にあっては，当該会計期間開始の日から４月を経過する日。①において「３月経過日等」といいます。）まで（定期給与の額の改定（継続して毎年所定の時期にされるものに限ります。）が３月経過日等後にされることについて特別の事情があると認められる場合にあっては，当該改定の時期）にされた定期給与の額の改定

　② 当該事業年度において当該内国法人の<u>役員の職制上の地位の変更</u>，<u>その役員の職務の内容の重大な変更その他これらに類するやむを得ない事情</u>（臨時改定事由）によりされたこれらの役員に係る定期給与の額の改定（①に掲げる改定を除きます。）

　③ 当該事業年度において当該内国法人の経営の状況が著しく悪化したことその他これに類する理由（業績悪化改定事由）によりされた定期給与の額の改定（その定期給与の額を減額した改定に限り，①及び②に掲げる改定を除きます。）

(2) 継続的に供与される経済的な利益のうち，その供与される利益の額が毎月おおむね一定であるもの

第Ⅱ部 役員給与

　上記(1)の②の「役員の職制上の地位の変更，その役員の職務の内容の重大な変更その他これらに類するやむを得ない事情」とは，例えば，定時株主総会後，次の定時株主総会までの間において社長が退任したことに伴い臨時株主総会の決議により副社長が社長に就任する場合や，<u>合併に伴いその役員の職務の内容が大幅に変更される場合</u>をいうこととされています（法基通9－2－12の3）。

2　本事例の場合

　貴社の場合は，合併により合併法人の貴社が被合併法人A社の事業その他の権利義務を包括的に承継した上で役員甲の被合併法人A社での職務を合併後の合併法人における職務として引き継ぐもので，その増額改定後の給与の額（100万円）も，合併前に貴社（60万円）とA社（40万円）で支給していた給与の合計額であることから，被合併法人A社において役員甲に対して支給していた定期同額給与を合併後に貴社において継続して支給するにすぎないものであると考えられます。

　貴社における甲の職務内容からみれば，合併により従来の財務担当から，被合併法人A社で行っていた営業担当も加わることから，職務内容が大幅に変更された場合として，臨時改定事由に該当するものと考えられます。

　このように，貴社とA社との合併前後において，実質的に，役員甲の職務内容に変更がなく，また，甲の職務に対する役員給与の支給額が何ら変更されない場合は，役員甲に対する役員給与の額は定期同額給与として取り扱って差し支えないものと考えられます。

　したがって，貴社が甲に支給する定期給与は定期同額給与として損金の額に算入されるものと考えられます。

定期同額給与関係

Q14 分割に伴う職務内容の重大な変更

　当社は，卸売業を営む3月決算法人です。

　当社は甲事業部門と乙事業部門を統括する取締役Aに対して，定期給与として120万円を支給しています。

　平成24年11月1日付で，当社は乙事業部門を分割により子会社化しました。

　この分割に伴い，取締役Aは分割された子会社Bで取締役として乙事業部門を統括するとともに，当社の取締役として甲事業部門を統括します。

　分割後の平成24年11月分のAの定期給与は当社から80万円とし，分割された子会社B社から40万円支給しています。

　そうすると，当社におけるAに対する定期給与は120万円から80万円に減額改定されますが，当社がAに対する定期給与の減額改定は，定期同額給与として損金の額に算入されますか。

　また，B社からその職務に応じてAに対して定期給与として40万円を支給しますが，定期同額給与として取り扱われますか。

　なお，当社は平成24年3月期の定時株主総会を平成24年5月25日に開催し取締役に係る定期給与は前年に決議された支給額と同額の決議を行い6月から支給しています。

第Ⅱ部　役員給与

（当社からAに対する定期給与）

120	120	120	120	120	120	120	80	80	80	80	80
平24.4月	5月	6月	7月	8月	9月	10月	11月	12月	平25.1月	2月	3月

平24.11.1分割　↓

（B社からAに対する定期給与）

40	40	40	40	40
11月	12月	平25.1月	2月	3月

（単位：万円）

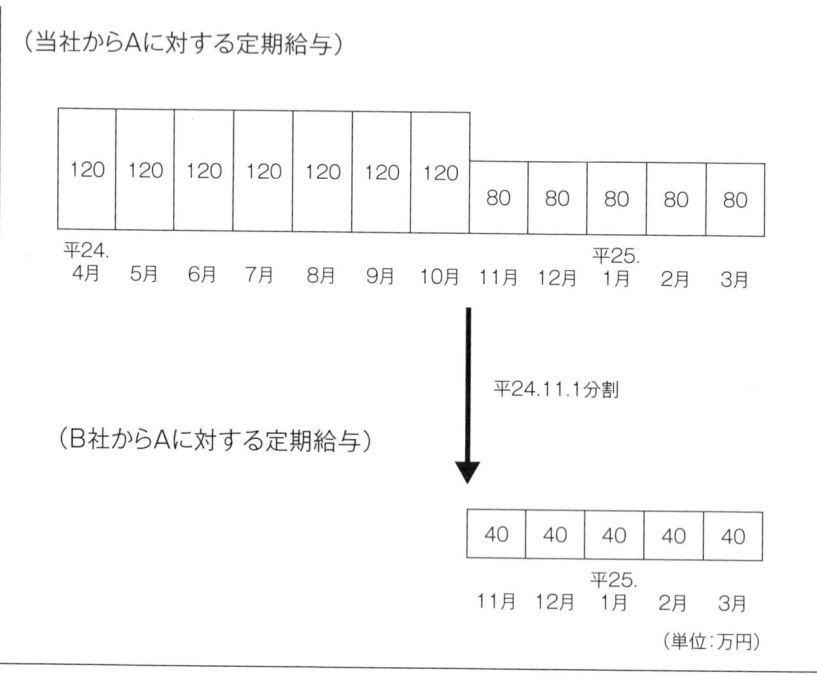

ANSWER

　貴社の分割によりAの職務内容が従来の甲事業部門及び乙事業部門の統括から，甲事業部門の統括と職務内容が大幅に減少したことから職務内容が大幅に変更される場合に該当し臨時改定事由に当たるものと考えられます。

　したがって，貴社がAに支給する定期給与は定期同額給与として損金の額に算入されるものと考えられます。

　なお，Aは分割に伴い新たにB社の取締役に就任していますが，分割後にB社がAに対して支給する定期給与の額が，その事業年度の各支給時期において同額である場合には定期同額給与に該当し損金の額に算入されるものと考えられます。

解説

1 定期同額給与

　内国法人がその役員に対して支給する給与のうち定期同額給与は，原則としてこれを支給するその内国法人の各事業年度の所得の金額の計算上，損金の額に算入されることとされています（法法34①一，②）。

　定期同額給与とはその支給時期が１月以下の一定の期間ごとである給与（以下「定期給与」といいます。）で当該事業年度の各支給時期における支給額が同額であるものその他これに準ずるものとして政令で定める給与をいいます（法法34①）。

　このその他これに準ずるものとして政令で定める給与とは，次に掲げる給与とされています（法令69①）。

(1)　定期給与で，次に掲げる改定（以下「給与改定」といいます。）がされた場合における当該事業年度開始の日又は給与改定前の最後の支給時期の翌日から給与改定後の最初の支給時期の前日又は当該事業年度終了の日までの間の各支給時期における支給額が同額であるもの

①　当該事業年度開始の日の属する会計期間の開始の日から３月を経過する日（保険会社（保険業法第２条第２項（定義）に規定する保険会社をいいます。）にあっては，当該会計期間開始の日から４月を経過する日。①において「３月経過日等」といいます。）まで（定期給与の額の改定（継続して毎年所定の時期にされるものに限ります。）が３月経過日等後にされることについて特別の事情があると認められる場合にあっては，当該改定の時期）にされた定期給与の額の改定

②　当該事業年度において当該内国法人の<u>役員の職制上の地位の変更</u>，<u>その役員の職務の内容の重大な変更その他これらに類するやむを得ない事情</u>（臨時改定事由）によりされたこれらの役員に係る定期給与の額の改定（①に掲げる改定を除きます。）

③　当該事業年度において当該内国法人の経営の状況が著しく悪化したこ

第Ⅱ部　役員給与

とその他これに類する理由（業績悪化改定事由）によりされた定期給与の額の改定（その定期給与の額を減額した改定に限り，①及び②に掲げる改定を除きます。）

(2) 継続的に供与される経済的な利益のうち，その供与される利益の額が毎月おおむね一定であるもの

上記(1)の②の「役員の職制上の地位の変更，その役員の職務の内容の重大な変更その他これらに類するやむを得ない事情」とは，例えば，定時株主総会後，次の定時株主総会までの間において社長が退任したことに伴い臨時株主総会の決議により副社長が社長に就任する場合や，合併に伴いその役員の職務の内容が大幅に変更される場合をいうこととされています（法基通9－2－12の3）。

なお，役員の職制上の地位とは，定款等の規定又は総会若しくは取締役会の決議等により付与されたものをいいます（法基通9－2－12の3（注））。

2　本事例の場合

本事例の場合は，貴社の分割により，貴社が分割承継法人であるB社に分割事業（乙事業部門）に係る権利義務を承継させた上で，役員Aの貴社での職務を分割後のB社における職務として引き継がせるもので，その職務に応じた減額改定後の貴社の定期給与80万円とB社から支給される定期給与40万円の合計額120万円は貴社の分割前のAの定期給与120万円と同額であることから，貴社において，役員Aに対して支給していた定期同額給与の額を分割後にB社において継続して支給させ，当該金額分を貴社において減額するにすぎないものと考えられます。

貴社におけるAの職務内容からみれば，貴社の分割に伴いAの職務内容が従来の甲事業部門及び乙事業部門の統括から，甲事業部門の統括と職務内容が大幅に減少したことから職務内容が大幅に変更される場合に該当し臨時改定事由として，貴社がAに支給する定期給与は定期同額給与として損金の額に算入されるものと考えられます。

なお，Aは分割に伴い新たにB社の取締役に就任していますが，分割後にB

社がAに対して支給する定期給与の額が，その事業年度の各支給時期において同額である場合には定期同額給与に該当し損金の額に算入されるものと考えられます。

第Ⅱ部　役員給与

定期同額給与関係

Q15 病気により定期給与を減額改定しその後病気が回復したことから期中に役員給与を元に戻した場合

　当社は，卸売業を営む3月決算法人です。

　平成24年9月に当社の代表取締役甲は，病気のため3ヶ月間の入院や加療が必要となったため，当初予定していた職務の一部ができないことから，当社では取締役会を開催し甲に対する定期給与を9月分から80万円を20万円に減額することにしました。

　その後，甲は退院し，平成24年12月から従来の職務が可能となったことから，当社は取締役会の決議を経て，甲に対する12月分の定期給与から入院前と同額の80万円を支給することにしました。

　この場合に，当社が甲に対して支給する定期給与は定期同額給与として損金の額に算入されますか。

　なお，当社は平成24年3月期の定時株主総会を平成24年5月25日に開催し取締役に係る定期給与は前年に決議された支給額と同額の決議を行い6月から支給しています。

（甲の定期給与）

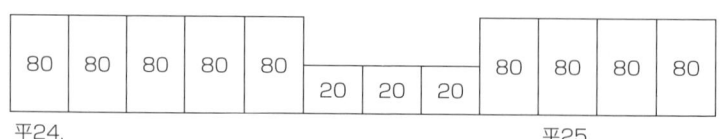

平24.4月	5月	6月	7月	8月	9月	10月	11月	平25.12月	1月	2月	3月
80	80	80	80	80	20	20	20	80	80	80	80

（単位：万円）

ANSWER

　代表取締役甲は病気で入院加療中も代表取締役のままであることから職制上の地位の変更はありませんが，平成24年9月に病気が発見され，甲は病気のため3ケ月間の入院や加療が必要となったため，当初予定していた職務の一部ができない場合に，甲に対する定期給与を減額改定することは臨時改定事由に該当するものと考えられます。

　また，その後甲は退院し，平成24年12月から従来の職務が可能となったことから，貴社は取締役会の決議を経て，12月分の給与から入院前と同額の定期給与80万円を支給する改定も臨時改定事由に該当するものと考えられます。

　したがって，貴社が甲に対して支給する定期給与の額はいずれも定期同額給与に該当し損金の額に算入されるものと考えられます。

解説

1　定期同額給与

　内国法人がその役員に対して支給する給与のうち定期同額給与は，原則としてこれを支給するその内国法人の各事業年度の所得の金額の計算上，損金の額に算入されることとされています（法法34①一，②）。

　定期同額給与とはその支給時期が1月以下の一定の期間ごとである給与（以下「定期給与」といいます。）で当該事業年度の各支給時期における支給額が同額であるものその他これに準ずるものとして政令で定める給与をいいます（法法34①）。

　このその他これに準ずるものとして政令で定める給与とは，次に掲げる給与とされています（法令69①）。

　(1)　定期給与で，次に掲げる改定（以下「給与改定」といいます。）がされた場合における当該事業年度開始の日又は給与改定前の最後の支給時期の翌日から給与改定後の最初の支給時期の前日又は当該事業年度終了の日までの

第Ⅱ部　役員給与

　間の各支給時期における支給額が同額であるもの
　①　当該事業年度開始の日の属する会計期間の開始の日から3月を経過する日（保険会社（保険業法第2条第2項（定義）に規定する保険会社をいいます。）にあっては，当該会計期間開始の日から4月を経過する日。①において「3月経過日等」といいます。）まで（定期給与の額の改定（継続して毎年所定の時期にされるものに限ります。）が3月経過日等後にされることについて特別の事情があると認められる場合にあっては，当該改定の時期）にされた定期給与の額の改定
　②　当該事業年度において当該内国法人の<u>役員の職制上の地位の変更，その役員の職務の内容の重大な変更その他これらに類するやむを得ない事情</u>（臨時改定事由）によりされたこれらの役員に係る定期給与の額の改定（①に掲げる改定を除きます。）
　③　当該事業年度において当該内国法人の経営の状況が著しく悪化したことその他これに類する理由（業績悪化改定事由）によりされた定期給与の額の改定（その定期給与の額を減額した改定に限り，①及び②に掲げる改定を除きます。）
(2)　継続的に供与される経済的な利益のうち，その供与される利益の額が毎月おおむね一定であるもの

　上記(1)の②の「役員の職制上の地位の変更，その役員の職務の内容の重大な変更その他これらに類するやむを得ない事情」とは，例えば，定時株主総会後，次の定時株主総会までの間において社長が退任したことに伴い臨時株主総会の決議により副社長が社長に就任する場合や，合併に伴いその役員の職務の内容が大幅に変更される場合をいうこととされています（法基通9－2－12の3）。
　なお，役員の職制上の地位とは，定款等の規定又は総会若しくは取締役会の決議等により付与されたものをいいます（法基通9－2－12の3（注））。

　代表取締役甲は職制上の地位の変更がないものの病気で入院したことによりその職務の執行が一部できないこととなり，これにより甲に対する定期給与の

額を減額し，その後甲は退院し，職務の執行が可能となったことから，貴社は取締役会の決議を経て，入院前と同額の定期給与を支給する改定を行ったことが，上記の臨時改定事由による改定に該当するかが問題となります。

　この点について，国税庁から平成20年12月に公表された「役員給与に関するQ＆A」Q5の解説によれば，「この臨時改定事由による改定は，事業年度開始の日から3ヶ月までにされた定期給与の額の改定時には予測しがたい偶発的な事情等による定期給与の額の改定で，利益調整等の恣意性があるとはいえないものについても，定期同額給与とされる定期給与の額の改定として取り扱うこととしているものです。どのような事情が生じた場合が臨時改定事由に当たるかは，役員の職務内容など個々の実態に即し，予め定められていた役員給与の額を改定せざるを得ないやむを得ない事情があるかどうかにより判断することになります」とし，「役員が病気で入院したことその他の事由により，当初予定されていた職務の一部又は全部の執行ができないこととなった場合には，役員の職務の内容の重大な変更その他これに類するやむを得ない事情があると認められることから，これにより役員給与の額を減額して支給する又は支給をしないことは，臨時改定事由による改定と認められます。」とし，「また，退院後，従前と同様の職務の執行が可能となったことにより，取締役会の決議を経て入院前の給与と同額の給与を支給することとする改定についても，「役員の職務の内容の重大な変更その他これに類するやむを得ない事情」に該当することとなります。」との考え方を示しています。

2　本事例の場合

　上記1のとおり，本事例の場合は，代表取締役甲は病気で入院加療中も代表取締役のままであることから職制上の地位の変更はありませんが，平成24年9月に病気が発見され，甲は病気のため3ヶ月間の入院や加療が必要となったため，当初予定していた職務の一部ができない場合に，定期給与の減額改定することは臨時改定事由に該当するものと考えられます。

　また，その後甲は退院し，平成24年12月から従来の職務が可能となったこ

第Ⅱ部　役員給与

とから，貴社は取締役会の決議を経て，12月分の給与から入院前と同額の定期給与80万円を支給する改定も臨時改定事由に該当するものと考えられます。

したがって貴社が甲に対して支給する定期給与の額はいずれも定期同額給与に該当し損金の額に算入されるものと考えられます。

定期同額給与関係

Q16 不祥事に伴う一定期間の役員に対する定期給与の減額

　当社は，卸売業を営む３月決算法人です。

　当社は平成24年９月に当社の取締役甲が統括する事業部門における法令違反により行政処分を受けました。

　当社はその社会的な責任から，臨時株主総会を開催し，取締役甲に対する定期給与の額を平成24年９月分の給与から３ケ月間30％減額（月額80万円から56万円）する旨の決議を行いました。

　この場合，当社が甲に支給する定期給与は３ケ月間30％減額することになりますが，支給した定期給与は定期同額給与に該当しないことになりますか。

　なお，当社は平成24年３月期の定時株主総会を平成24年５月25日に開催し取締役に係る定期給与は前年に決議された支給額と同額の決議を行い６月から支給しています。

（甲に対する定期給与）

平24.4月	5月	6月	7月	8月	9月	10月	11月	平25.12月	1月	2月	3月
80	80	80	80	80	56	56	56	80	80	80	80

（単位：万円）

第Ⅱ部　役員給与

ANSWER

　甲に対する定期給与を一時的に減額する理由が，企業の秩序を維持して円滑な企業運営を図ることを目的に，あるいは法人に対する社会的評価の悪影響をさけるために，やむを得ず行われたものであり，かつ，その処分の内容が，甲の行為に照らして社会通念上相当なものと認められる場合には，減額された期間においても引き続き同額の定期給与の支給が行われているものとして取り扱って差し支えないものと考えられます。

解　説

1　定期同額給与

　内国法人がその役員に対して支給する給与のうち定期同額給与は，原則としてこれを支給するその内国法人の各事業年度の所得の金額の計算上，損金の額に算入されることとされています（法法34①一，②）。

　定期同額給与とはその支給時期が１月以下の一定の期間ごとである給与（以下「定期給与」といいます。）で当該事業年度の各支給時期における支給額が同額であるものその他これに準ずるものとして政令で定める給与をいいます（法法34①）。

　このその他これに準ずるものとして政令で定める給与とは，次に掲げる給与とされています（法令69①）。

(1)　定期給与で，次に掲げる改定（以下「給与改定」といいます。）がされた場合における当該事業年度開始の日又は給与改定前の最後の支給時期の翌日から給与改定後の最初の支給時期の前日又は当該事業年度終了の日までの間の各支給時期における支給額が同額であるもの

　①　当該事業年度開始の日の属する会計期間の開始の日から３月を経過する日（保険会社（保険業法第２条第２項（定義）に規定する保険会社をいいます。）にあっては，当該会計期間開始の日から４月を経過する日。①において「３月経過日等」といいます。）まで（定期給与の額の改定（継続して毎年所定の時

期にされるものに限ります。）が3月経過日等後にされることについて特別の事情があると認められる場合にあっては，当該改定の時期）にされた定期給与の額の改定

② 当該事業年度において当該内国法人の<u>役員の職制上の地位の変更，その役員の職務の内容の重大な変更その他これらに類するやむを得ない事情</u>（臨時改定事由）によりされたこれらの役員に係る定期給与の額の改定（①に掲げる改定を除きます。）

③ 当該事業年度において当該内国法人の経営の状況が著しく悪化したことその他これに類する理由（業績悪化改定事由）によりされた定期給与の額の改定（その定期給与の額を減額した改定に限り，①及び②に掲げる改定を除きます。）

(2) 継続的に供与される経済的な利益のうち，その供与される利益の額が毎月おおむね一定であるもの

上記(1)の②の「役員の職制上の地位の変更，その役員の職務の内容の重大な変更その他これらに類するやむを得ない事情」とは，例えば，定時株主総会後，次の定時株主総会までの間において社長が退任したことに伴い臨時株主総会の決議により副社長が社長に就任する場合や，合併に伴いその役員の職務の内容が大幅に変更される場合をいうこととされています（法基通9－2－12の3）。

なお，役員の職制上の地位とは，定款等の規定又は総会若しくは取締役会の決議等により付与されたものをいいます（法基通9－2－12の3（注））。

そうすると，特定の役員に不祥事等による一定期間のみ役員給与を減額し，当該期間経過後は，減額前の給与の額を支給する場合は，各支給時期における支給額が同額でないことから定期同額給与に該当しないとも考えられます。

この点について，平成18年12月に公表された国税庁「役員給与に関する質疑応答事例」問3の答によれば，「企業秩序を乱した役員の責任を問うべく，一定期間の役員給与の減額処分を行うことは，企業慣行として定着しており，これを同額の定期給与の支給と取り扱わないとすれば，実態からかけ離れることにもなりかねませんし，また，いったん支給した定期給与をその役員が自主

的に返還した場合には定期同額給与として取り扱われるところ，その実質が同じである役員給与の減額処分について異なる取扱いとすれば，著しくバランスを失することになるとも考えられます。」とし，「役員給与を一時的に減額する理由が，企業秩序を維持して円滑な企業運営を図るため，あるいは法人の社会的評価への悪影響を避けるために，やむを得ず行われたものであり，かつ，その処分の内容が，その役員の行為に照らして社会通念上相当なものと認められる場合には，減額された期間においても引き続き同額の定期給与の支給が行われているものとして取り扱って差し支えありません。」との考え方を示しています。

2　本事例の場合

上記 1 のとおり，本事例の場合は甲に対する定期給与を一時的に減額する理由が，企業の秩序を維持し円滑な企業運営を図ることを目的に，あるいは法人に対する社会的評価の悪影響をさけるために，やむを得ず行われたものであり，かつ，その処分の内容が，甲の行為に照らして社会通念上相当なものと認められる場合には，減額された期間においても引き続き同額の定期給与の支給が行われているものとして取り扱って差し支えないものと考えられます。

定期同額給与関係

Q17 従業員の賞与について一律カットせざるを得ないような状況にある場合の役員に対する定期給与の減額改定

　当社は，製造業を営む3月決算法人です。

　当社の経営状況の急激な悪化により，平成24年12月分の従業員の賞与から，業績が回復するまでの間，当該賞与について大幅に一律カットせざるを得ないような状況になりました。

　そこで，当社は年度の中途でありますが，平成24年10月1日に取締役会を開催し平成24年10月分（給与支給日20日）から役員の定期給与を一律40％減額することにしました。

　この場合，当社が支給する役員の定期給与は期中に40％減額することになりますが，定期同額給与として損金の額に算入されますか。

　なお，当社は平成24年3月期の定時株主総会を平成24年5月25日に開催し取締役に係る定期給与は前年に決議された支給額と同額の決議を行い6月から支給しています。

（代表取締役甲に対する定期給与の減額改定の場合）

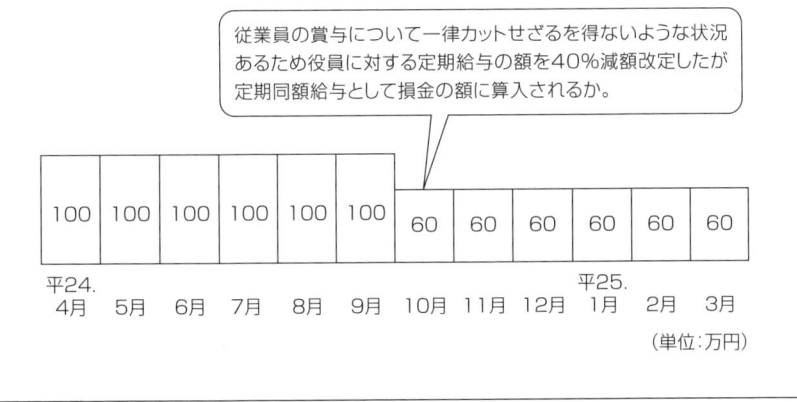

> 従業員の賞与について一律カットせざるを得ないような状況あるため役員に対する定期給与の額を40％減額改定したが定期同額給与として損金の額に算入されるか。

平24.4月	5月	6月	7月	8月	9月	10月	11月	12月	平25.1月	2月	3月
100	100	100	100	100	100	60	60	60	60	60	60

（単位：万円）

第Ⅱ部　役員給与

ANSWER

　貴社の経営状況の急激な悪化により，従業員の賞与を一律カットせざるを得ないような状況にある場合には，通常は「経営の状況が著しく悪化したことその他これに類する理由」（業績悪化改定事由）による減額改定に該当し，貴社が支給する役員の定期給与は定期同額給与として損金の額に算入されるものと考えられます。

解　説

1　定期同額給与

　内国法人がその役員に対して支給する給与のうち定期同額給与は，原則としてこれを支給するその内国法人の各事業年度の所得の金額の計算上，損金の額に算入されることとされています（法法34①一，②）。

　定期同額給与とはその支給時期が1月以下の一定の期間ごとである給与（以下「定期給与」といいます。）で当該事業年度の各支給時期における支給額が同額であるものその他これに準ずるものとして政令で定める給与をいいます（法法34①）。

　このその他これに準ずるものとして政令で定める給与とは，次に掲げる給与とされています（法令69①）。

(1)　定期給与で，次に掲げる改定（以下「給与改定」といいます。）がされた場合における当該事業年度開始の日又は給与改定前の最後の支給時期の翌日から給与改定後の最初の支給時期の前日又は当該事業年度終了の日までの間の各支給時期における支給額が同額であるもの

①　当該事業年度開始の日の属する会計期間の開始の日から3月を経過する日（保険会社（保険業法第2条第2項（定義）に規定する保険会社をいいます。）にあっては，当該会計期間開始の日から4月を経過する日。①において「3月経過日等」といいます。）まで（定期給与の額の改定（継続して毎年所定の時期にされるものに限ります。）が3月経過日等後にされることについて特別の事

情があると認められる場合にあっては，当該改定の時期）にされた定期給与の額の改定

② 当該事業年度において当該内国法人の役員の職制上の地位の変更，その役員の職務の内容の重大な変更その他これらに類するやむを得ない事情（臨時改定事由）によりされたこれらの役員に係る定期給与の額の改定（①に掲げる改定を除きます。）

③ 当該事業年度において当該内国法人の<u>経営の状況が著しく悪化したことその他これに類する理由</u>（業績悪化改定事由）によりされた定期給与の額の改定（その定期給与の額を減額した改定に限り，①及び②に掲げる改定を除きます。）

(2) 継続的に供与される経済的な利益のうち，その供与される利益の額が毎月おおむね一定であるもの

この(1)の③の業績悪化改定事由とは，経営状況が著しく悪化したことなどやむを得ず役員給与を減額せざるを得ない事情があることをいうのであることから，法人の一時的な資金繰りの都合や単に業績目標値に達しなかったことなどはこれに含まれないこととされています（法基通9－2－13）。

ところで，業績悪化改定事由については，「経営の状況が著しく悪化したことその他これに類する理由」とされていることから，本事例のような場合が該当するかという問題があります。

この点について，国税庁から公表された平成19年3月13日付「法人税基本通達等の一部改正について」（法令解釈通達）の法人税基本通達9－2－13（経営の著しい悪化に類する理由）の趣旨説明の解説によれば「例えば，経営の状況の悪化により従業員の賞与を一律カットせざるを得ないような状況にある場合は，通常は，本通達にいう「経営状況が著しく悪化したことなどやむを得ず役員給与を減額せざるを得ない事情」がある場合に当たるといえよう。」との考え方を示しています。

2 本事例の場合

上記1のとおり，本事例の場合は貴社の経営状況の急激な悪化により，従業員の賞与を一律カットせざるを得ないような状況にある場合には，通常は「経営の状況が著しく悪化したことその他これに類する理由」（業績悪化改定事由）による減額改定に該当し，貴社が支給する役員の定期給与は定期同額給与として損金の額に算入されるものと考えられます。

定期同額給与関係

Q18 同一事業年度で役員に対する定期給与の増額改定と減額改定が行われた場合

　当社は，卸売業を営む３月決算法人です。

　当社は平成24年３月期の業績が好調なことから平成24年５月25日の定時株主総会において役員に対する定期給与について，増額改定の決議を行い６月分の給与から支給しています。

　なお，当社の給与の支給は毎月20日です。

　ところが，当社の上半期の業績は主要取引先が倒産したことなどから，当社の経営状況が著しく悪化し倒産の危機に瀕したため，年度の中途でありますが，平成24年10月１日に取締役会を開催し平成24年10月分からの役員に対する定期給与を一律50％減額改定する決議を行いました。

　この場合，当社が役員に支給する定期給与は平成25年３月期において，同一事業年度において増額改定と減額改定をすることになりますが，それぞれ，定期同額給与として損金の額に算入されますか。

（代表取締役甲に対する定期給与の改定の場合）

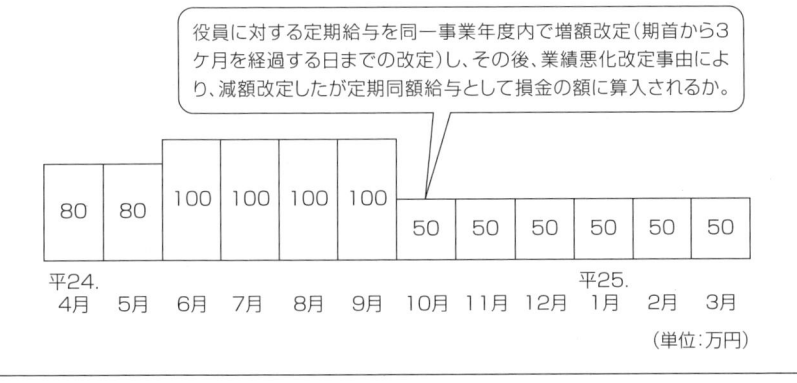

> 役員に対する定期給与を同一事業年度内で増額改定（期首から３ケ月を経過する日までの改定）し，その後，業績悪化改定事由により，減額改定したが定期同額給与として損金の額に算入されるか。

平24.4月	5月	6月	7月	8月	9月	10月	11月	12月	平25.1月	2月	3月
80	80	100	100	100	100	50	50	50	50	50	50

（単位：万円）

第Ⅱ部　役員給与

ANSWER

　貴社の主要取引先が倒産したことなどから，貴社の経営状況が著しく悪化し，倒産の危機に瀕したため，年度の中途でありますが，役員に対する定期給与を一律50％減額改定する決議を行ったことは，業績改定悪化事由に該当するものと考えられますので，同一事業年度中に増額改定（期首から3ヶ月を経過する日までの改定）と業績改定悪化事由による減額改定があったとしても，貴社が役員に対して支給した定期給与はそれぞれ定期同額給与として損金の額に算入されるものと考えられます。

解　説

1　定期同額給与

　内国法人がその役員に対して支給する給与のうち定期同額給与は，原則としてこれを支給するその内国法人の各事業年度の所得の金額の計算上，損金の額に算入されることとされています（法法34①一，②）。

　定期同額給与とはその支給時期が1月以下の一定の期間ごとである給与（以下「定期給与」といいます。）で当該事業年度の各支給時期における支給額が同額であるものその他これに準ずるものとして政令で定める給与をいいます（法法34①）。

　このその他これに準ずるものとして政令で定める給与とは，次に掲げる給与とされています（法令69①）。

(1)　定期給与で，次に掲げる改定（以下「給与改定」といいます。）がされた場合における当該事業年度開始の日又は給与改定前の最後の支給時期の翌日から給与改定後の最初の支給時期の前日又は当該事業年度終了の日までの間の各支給時期における支給額が同額であるもの

①　当該事業年度開始の日の属する会計期間の開始の日から3月を経過する日（保険会社（保険業法第2条第2項（定義）に規定する保険会社をいいます。）にあっては，当該会計期間開始の日から4月を経過する日。①において「3

月経過日等」といいます。）まで（定期給与の額の改定（継続して毎年所定の時期にされるものに限ります。）が3月経過日等後にされることについて特別の事情があると認められる場合にあっては，当該改定の時期）にされた定期給与の額の改定

② 当該事業年度において当該内国法人の役員の職制上の地位の変更，その役員の職務の内容の重大な変更その他これらに類するやむを得ない事情（臨時改定事由）によりされたこれらの役員に係る定期給与の額の改定（①に掲げる改定を除きます。）

③ 当該事業年度において当該内国法人の<u>経営の状況が著しく悪化したことその他これに類する理由</u>（業績悪化改定事由）によりされた定期給与の額の改定（その定期給与の額を減額した改定に限り，①及び②に掲げる改定を除きます。）

(2) 継続的に供与される経済的な利益のうち，その供与される利益の額が毎月おおむね一定であるもの

　この(1)の③の業績悪化改定事由とは，経営状況が著しく悪化したことなどやむを得ず役員給与を減額せざるを得ない事情があることをいうのであることから，法人の一時的な資金繰りの都合や単に業績目標値に達しなかったことなどはこれに含まれないこととされています（法基通9－2－13）。

　ところで，本事例の場合は貴社の上半期の業績は主要取引先が倒産したことなどから，貴社の経営状況が著しく悪化し，倒産の危機に瀕したため，年度の中途でありますが，平成24年10月1日に取締役会を開催し平成24年10月分からの役員に対する定期給与を一律50％減額改定する決議を行ったことからすると，業績悪化改定事由に該当するものと考えられます。

　また，定期給与の額の改定（上記(1)①から③までに掲げる改定に限ります。）があった場合において，当該事業年度開始の日又は給与改定前の最後の支給時期の翌日から給与改定後の最初の支給時期の前日又は当該事業年度終了の日までの間の各支給時期における支給額が同額であるものは，定期同額給与に該当するこ

第Ⅱ部　役員給与

こととされています（法令69①一）。

　すなわち、一事業年度中に複数回の改定（上記(1)①から③までに掲げる改定に限ります。）が行われた場合には、改定の前後で期間を区分して、それぞれの期間ごとに、その期間中の各支給時期において支給される定期給与の額が同額であるかどうかを判定することとなります。

　本事例の場合、年1回3月決算の法人が毎月20日に役員給与を支給することとしているので、平成24年5月25日に開催した定時株主総会において定期給与の額の改定（以下「通常改定」といいます。）を決議した後、平成24年10月1日に法人税法施行令第69条第1項第1号に掲げる業績悪化改定事由による改定（上記(1)③）を行ったときには、次の①から③までに掲げる各支給時期における支給額が同額である場合には、それぞれが定期同額給与に該当し、それぞれ損金算入の対象となるものと考えられます。

①　当該事業年度開始の日（平成24年4月1日）から通常改定後の最初の支給時期の前日（6/19）までの間の各支給時期

　　平成24年4月20日、5月20日

②　通常改定前の最後の支給時期の翌日（平成24年5月21日）から業績悪化改定事由による給与改定後の最初の支給時期の前日（平成24年10月19日）までの間の各支給時期

　　平成24年6月20日、7月20日、8月20日、9月20日

③　業績悪化改定事由による給与改定前の最後の支給時期の翌日（平成24年9月21日）から当該事業年度終了の日（平成25年3月31日）までの間の各支給時期

　　平成24年10月20日、11月20日、12月20日、平成25年1月20日、2月20日、3月20日

2　本事例の場合

　上記1のとおり、貴社の主要取引先が倒産したことなどから、貴社の経営状況が著しく悪化し、倒産の危機に瀕したため、年度の中途でありますが、役員

に対する定期給与を一律50％減額改定する決議を行ったことは、業績改定悪化事由に該当するものと考えられますので、同一事業年度中に増額改定（期首から3ケ月を経過する日までの改定）と業績改定悪化事由による減額改定があったとしても、貴社が役員に対して支給した定期給与はそれぞれ定期同額給与として損金の額に算入されるものと考えられます。

第Ⅱ部　役員給与

定期同額給与関係

Q19　業績目標値に達しなかったことによる役員に対する定期給与の減額改定

　当社は，卸売業を営む3月決算法人です。

　当社の上半期の業績は目標利益の60％程度にしか達しませんでした。

　そこで，当社は目標の利益に達しなかったことから，年度の中途でありますが，平成24年10月1日に取締役会を開催し平成24年10月分の役員に対する定期給与を30％減額することにしました。

　この場合，当社が支給する役員に対する定期給与の額を30％減額することになりますが，業績悪化改定事由に当たり支給した定期の給与は定期同額給与として損金の額に算入されますか。

　なお，当社は平成24年3月期の定時株主総会を平成24年5月25日に開催し取締役に係る定期給与は前年に決議された支給額と同額の決議を行い6月から支給しています。

　当社の給与の支給は毎月20日です。

（代表取締役甲に対する定期給与の減額改定の場合）

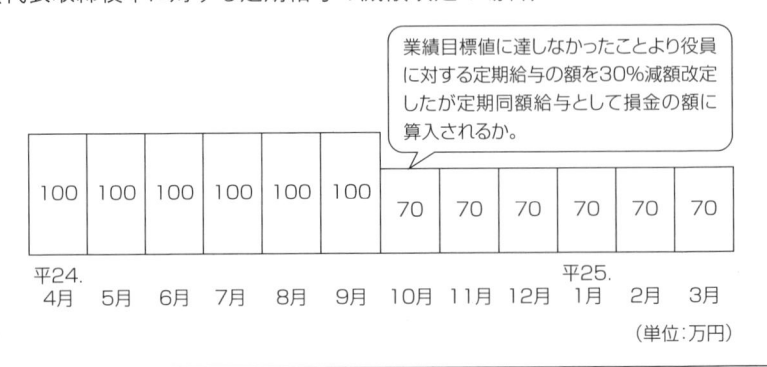

業績目標値に達しなかったことより役員に対する定期給与の額を30％減額改定したが定期同額給与として損金の額に算入されるか。

平24.4月	5月	6月	7月	8月	9月	10月	11月	12月	平25.1月	2月	3月
100	100	100	100	100	100	70	70	70	70	70	70

（単位：万円）

ANSWER

　業績悪化改定事由とは，経営状況が著しく悪化したことなどやむを得ず役員給与を減額せざるを得ない事情があることをいうのであることから，法人の一時的な資金繰りの都合や単に業績目標値に達しなかったことなどはこれに含まれないこととされているので，貴社の場合は業績目標値に達しなかったことから業績悪化改定事由には該当しないため，例えば，代表取締役甲の場合には甲に対する減額改定前の定期給与の額のうち減額改定後の定期給与の額を超える部分の金額120万円（30万円（100万円－70万円）×4ケ月分（平成24年6月分から平成24年9月まで））が損金不算入となるものと考えられます。

　なお，平成24年4月及び5月の定期給与は，当該事業年度開始の日（平成24年4月1日）から同額改定後の最初の支給時期の前日（平成24年6月19日）までの間の各支給時期（平成24年4月20日及び平成24年5月20日）の支給額が同額であるので定期同額給与に該当し損金の額に算入されるものと考えられます。

解説

1　定期同額給与

　内国法人がその役員に対して支給する給与のうち定期同額給与は，原則としてこれを支給するその内国法人の各事業年度の所得の金額の計算上，損金の額に算入されることとされています（法法34①一，②）。

　定期同額給与とはその支給時期が1月以下の一定の期間ごとである給与（以下「定期給与」といいます。）で当該事業年度の各支給時期における支給額が同額であるものその他これに準ずるものとして政令で定める給与をいいます（法法34①）。

　このその他これに準ずるものとして政令で定める給与とは，次に掲げる給与とされています（法令69①）。

(1)　定期給与で，次に掲げる改定（以下「給与改定」といいます。）がされた場

第Ⅱ部　役員給与

合における当該事業年度開始の日又は給与改定前の最後の支給時期の翌日から給与改定後の最初の支給時期の前日又は当該事業年度終了の日までの間の各支給時期における支給額が同額であるもの

① 当該事業年度開始の日の属する会計期間の開始の日から3月を経過する日（保険会社（保険業法第2条第2項（定義）に規定する保険会社をいいます。）にあっては，当該会計期間開始の日から4月を経過する日。①において「3月経過日等」といいます。）まで（定期給与の額の改定（継続して毎年所定の時期にされるものに限ります。）が3月経過日等後にされることについて特別の事情があると認められる場合にあっては，当該改定の時期）にされた定期給与の額の改定

② 当該事業年度において当該内国法人の役員の職制上の地位の変更，その役員の職務の内容の重大な変更その他これらに類するやむを得ない事情（臨時改定事由）によりされたこれらの役員に係る定期給与の額の改定（①に掲げる改定を除きます。）

③ 当該事業年度において当該内国法人の<u>経営の状況が著しく悪化したこととその他これに類する理由</u>（業績悪化改定事由）によりされた定期給与の額の改定（その定期給与の額を減額した改定に限り，①及び②に掲げる改定を除きます。）

(2) 継続的に供与される経済的な利益のうち，その供与される利益の額が毎月おおむね一定であるもの

この(1)の③の業績悪化改定事由とは，経営状況が著しく悪化したことなどやむを得ず役員給与を減額せざるを得ない事情があることをいうのであることから，法人の一時的な資金繰りの都合や単に業績目標値に達しなかったことなどはこれに含まれないこととされています（法基通9－2－13）。

したがって，本事例の場合は業績目標値に達しなかったことよることから業績悪化改定事由には該当しないことになります。

例えば，代表取締役甲の場合には甲に定期同額給与として支給していた給与について減額改定を行い，減額改定後（平成24年10月以降）もその各支給時期

における支給額が同額である定期給与として給与の支給を行っているときには，本来の定期同額給与は減額改定後の金額（70万円）であり，減額改定前は，その定期同額給与の額に上乗せして支給（30万円）していたものともみることができることから，損金不算入額は，甲に対する減額改定前の定期給与の額のうち減額改定後の定期給与の額を超える部分の金額120万円（30万円（100万円－70万円）×4ヶ月分（平成24年6月分から平成24年9月まで））が損金不算入となるものと考えられます。

2　本事例の場合

上記1のとおり，業績悪化改定事由とは，経営状況が著しく悪化したことなどやむを得ず役員給与を減額せざるを得ない事情があることをいうのであることから，法人の一時的な資金繰りの都合や単に業績目標値に達しなかったことなどはこれに含まれないこととされているので，本事例の場合は業績目標値に達しなかったことよることから業績悪化改定事由には該当しないものと考えられます。

例えば，代表取締役甲の場合の損金不算入額については，減額改定前の定期給与の額のうち減額改定後の定期給与の額を超える部分の金額120万円（30万円（100万円－70万円）×4ヶ月分（平成24年6月分から平成24年9月まで））が損金不算入となるものと考えられます。

なお，平成24年4月及び5月の甲の定期給与は，当該事業年度開始の日（平成24年4月1日）から同額改定後の最初の支給時期の前日（平成24年6月19日）までの間の各支給時期（平成24年4月20日及び平成24年5月20日）の支給額が同額であるので定期同額給与になるものと考えられます。

第Ⅱ部　役員給与

定期同額給与関係

Q20 一時的な資金繰りの都合による役員に対する定期給与の減額改定

　当社は製造業を営む3月決算法人です。

　当社は平成24年3月期の定時株主総会を平成24年5月25日に開催し取締役に係る定期給与は前年に決議された支給額と同額の決議を行い6月から支給しています。

　なお，当社給与の支給は毎月20日です。

　その後，当社の一時的な資金繰りの都合により平成24年10月1日に取締役会を開催し役員に対する定期給与の額を30％減額改定し，10月分の定期給与から減額した。

　この場合，当社が支給する役員に対する定期給与は10月から30％減額することになりますが，業績悪化改定事由に該当し支給した定期給与は定期同額給与に該当し損金の額に算入されますか。

（代表取締役甲に対する定期給与の減額改定の場合）

> 一時的な資金繰りの都合により役員に対する定期給与の額を30％減額改定したが定期同額給与として損金の額に算入されるか。

100	100	100	100	100	100	70	70	70	70	70	70
平24.4月	5月	6月	7月	8月	9月	10月	11月	12月	平25.1月	2月	3月

（単位：万円）

ANSWER

　業績悪化改定事由とは，経営状況が著しく悪化したことなどやむを得ず役員給与を減額せざるを得ない事情があることをいうのであることから，法人の一時的な資金繰りの都合や単に業績目標値に達しなかったことなどはこれに含まれないこととされているので，貴社の場合は法人の一時的な資金繰りの都合によることから業績悪化改定事由には該当しないものと考えられるため，例えば，代表取締役甲の場合には甲に対する減額改定前の定期給与の額のうち減額改定後の定期給与の額を超える部分の金額120万円（30万円（100万円－70万円）×4ケ月分（平成24年6月分から平成24年9月まで））が損金不算入となるものと考えられます。

　なお，平成24年4月及び5月の給与は，当該事業年度開始の日（平成24年4月1日）から同額改定後の最初の支給時期の前日（平成24年6月19日）までの間の各支給時期（平成24年4月20日及び平成24年5月20日）の支給額が同額であるので定期同額給与に該当し損金の額に算入されるものと考えられます。

解 説

1　定期同額給与

　内国法人がその役員に対して支給する給与のうち定期同額給与は，原則としてこれを支給するその内国法人の各事業年度の所得の金額の計算上，損金の額に算入されることとされています（法法34①一，②）。

　定期同額給与とはその支給時期が1月以下の一定の期間ごとである給与（以下「定期給与」といいます。）で当該事業年度の各支給時期における支給額が同額であるものその他これに準ずるものとして政令で定める給与をいいます（法法34①）。

　このその他これに準ずるものとして政令で定める給与とは，次に掲げる給与とされています（法令69①）。

第Ⅱ部　役員給与

(1) 定期給与で，次に掲げる改定（以下「給与改定」といいます。）がされた場合における当該事業年度開始の日又は給与改定前の最後の支給時期の翌日から給与改定後の最初の支給時期の前日又は当該事業年度終了の日までの間の各支給時期における支給額が同額であるもの

① 当該事業年度開始の日の属する会計期間の開始の日から３月を経過する日（保険会社（保険業法第２条第２項（定義）に規定する保険会社をいいます。）にあっては，当該会計期間開始の日から４月を経過する日。①において「３月経過日等」といいます。）まで（定期給与の額の改定（継続して毎年所定の時期にされるものに限ります。）が３月経過日等後にされることについて特別の事情があると認められる場合にあっては，当該改定の時期）にされた定期給与の額の改定

② 当該事業年度において当該内国法人の役員の職制上の地位の変更，その役員の職務の内容の重大な変更その他これらに類するやむを得ない事情（臨時改定事由）によりされたこれらの役員に係る定期給与の額の改定（①に掲げる改定を除きます。）

③ 当該事業年度において当該内国法人の<u>経営の状況が著しく悪化したこととその他これに類する理由</u>（業績悪化改定事由）によりされた定期給与の額の改定（その定期給与の額を減額した改定に限り，①及び②に掲げる改定を除きます。）

(2) 継続的に供与される経済的な利益のうち，その供与される利益の額が毎月おおむね一定であるもの

この(1)の③の業績悪化改定事由とは，経営状況が著しく悪化したことなどやむを得ず役員給与を減額せざるを得ない事情があることをいうのであることから，法人の一時的な資金繰りの都合や単に業績目標値に達しなかったことなどはこれに含まれないこととされています（法基通９－２－13）。

２　本事例の場合

上記１のとおり，業績悪化改定事由とは，経営状況が著しく悪化したこと

などやむを得ず役員給与を減額せざるを得ない事情があることをいうのであることから，法人の一時的な資金繰りの都合や単に業績目標値に達しなかったことなどはこれに含まれないこととされているので，貴社の場合は一時的な資金繰りの都合によることから業績悪化改定事由には該当しないものと考えられます。

　例えば，代表取締役甲の場合の損金不算入額については，減額改定前の定期給与の額のうち減額改定後の定期給与の額を超える部分の金額120万円（30万円（100万円－70万円）×4ヶ月分（平成24年6月分から平成24年9月まで））が損金不算入となるものと考えられます。

　なお，平成24年4月及び5月の甲の定期給与は，当該事業年度開始の日（平成24年4月1日）から同額改定後の最初の支給時期の前日（平成24年6月19日）までの間の各支給時期（平成24年4月20日及び平成24年5月20日）の支給額が同額であるので定期同額給与に該当し損金の額に算入されるものと考えられます。

第Ⅱ部　役員給与

定期同額給与関係

Q21　業績等の悪化により株主との関係上行った役員に対する定期給与の減額改定

　当社は，製造業を営む３月決算法人（上場法人）です。

　当社の上半期（平成24年４月から９月）の業績が予想以上に悪化したことから，年度の中途でありますが，株主との関係上，役員としての経営上の責任から役員自らの定期給与の額を10月分から50％減額することとし，その旨取締役会で決議しました。

　当社は役員に対する定期給与の額を期中に減額改定することになりますが，この減額改定は「経営の状況が著しく悪化したことその他これに類する理由」による改定に当たりますか。

ANSWER

　「経営の状況が著しく悪化したことその他これに類する理由」による改定とは経営状況が著しく悪化したことなどやむを得ず役員給与を減額せざるを得ない事情があることをいうので，財務諸表の数値が相当程度悪化したことや倒産の危機に瀕したことだけでなく，経営の悪化に伴い，第三者である利害関係者（株主，債権者，取引先等）との関係上，役員に対する定期給与の額を減額せざるを得ない事情が生じていれば，これも含まれるものと考えられます。

解説

1　定期同額給与

　内国法人がその役員に対して支給する給与のうち定期同額給与は，原則としてこれを支給するその内国法人の各事業年度の所得の金額の計算上，損金の額に算入されることとされています（法法34①一，②）。

定期同額給与とはその支給時期が1月以下の一定の期間ごとである給与（以下「定期給与」といいます。）で当該事業年度の各支給時期における支給額が同額であるものその他これに準ずるものとして政令で定める給与をいいます（法法34①）。

このその他これに準ずるものとして政令で定める給与とは，次に掲げる給与とされています（法令69①）。

(1) 定期給与で，次に掲げる改定（以下「給与改定」といいます。）がされた場合における当該事業年度開始の日又は給与改定前の最後の支給時期の翌日から給与改定後の最初の支給時期の前日又は当該事業年度終了の日までの間の各支給時期における支給額が同額であるもの

① 当該事業年度開始の日の属する会計期間の開始の日から3月を経過する日（保険会社（保険業法第2条第2項（定義）に規定する保険会社をいいます。）にあっては，当該会計期間開始の日から4月を経過する日。①において「3月経過日等」といいます。）まで（定期給与の額の改定（継続して毎年所定の時期にされるものに限ります。）が3月経過日等後にされることについて特別の事情があると認められる場合にあっては，当該改定の時期）にされた定期給与の額の改定

② 当該事業年度において当該内国法人の役員の職制上の地位の変更，その役員の職務の内容の重大な変更その他これらに類するやむを得ない事情（臨時改定事由）によりされたこれらの役員に係る定期給与の額の改定（①に掲げる改定を除きます。）

③ 当該事業年度において当該内国法人の<u>経営の状況が著しく悪化したことその他これに類する理由</u>（<u>業績悪化改定事由</u>）によりされた定期給与の額の改定（その定期給与の額を減額した改定に限り，①及び②に掲げる改定を除きます。）

(2) 継続的に供与される経済的な利益のうち，その供与される利益の額が毎月おおむね一定であるもの

第Ⅱ部 役員給与

　この(1)の③の業績悪化改定事由とは，経営状況が著しく悪化したことなどやむを得ず役員給与を減額せざるを得ない事情があることをいうのであることから，法人の一時的な資金繰りの都合や単に業績目標値に達しなかったことなどはこれに含まれないこととされています（法基通9－2－13）。

　ところで，業績悪化改定事由については，「経営の状況が著しく悪化したことその他これに類する理由」とされていることから，本事例のような場合が該当するかが問題となります。

　この点について，国税庁から平成20年12月に公表された「役員給与に関するQ＆A」Q1の解説によれば，法人税基本通達9－2－13のとおり，「経営の状況が著しく悪化したことその他これに類する理由」とは「経営状況が著しく悪化したことなどやむを得ず役員給与を減額せざるを得ない事情があることをいいますので，財務諸表の数値が相当程度悪化したことや倒産の危機に瀕したことだけでなく，経営状況の悪化に伴い，第三者である利害関係者（株主，債権者，取引先等）との関係上，役員給与の額を減額せざるを得ない事情が生じていれば，これも含まれることになります。」との考え方を示しています。

　また，同解説によれば，例えば，次のような場合の減額改定は，通常，業績悪化改定事由による改定に該当することになると考えられるものとしています。

① 株主との関係上，業績や財務状況の悪化についての役員としての経営上の責任から役員給与の額を減額せざるを得ない場合
② 取引銀行との間で行われる借入金返済のリスケジュールの協議において，役員給与の額を減額せざるを得ない場合
③ 業績や財務状況又は資金繰りが悪化したため，取引先等の利害関係者からの信用を維持・確保する必要性から，経営状況の改善を図るための計画が策定され，これに役員給与の額の減額が盛り込まれた場合

　そして，同解説によれば「上記①については，株主が不特定多数の者からなる法人であれば，業績等の悪化が直ちに役員の評価に影響を与えるのが一般的

であると思われますので、通常はこのような法人が業績等の悪化に対応して行う減額改定がこれに該当するものと考えられます。」とし「一方、同族会社のように株主が少数の者で占められ、かつ、役員の一部の者が株主である場合や株主と役員が親族関係にあるような会社についても、上記①に該当するケースがないわけではありませんが、そのような場合には、役員給与の額を減額せざるを得ない客観的かつ特別の事情を具体的に説明できるようにしておく必要があること」との考え方が示されています。

2　本事例の場合

　上記1のとおり、「経営の状況が著しく悪化したことその他これに類する理由」（業績悪化改定事由）とは経営状況が著しく悪化したことなどやむを得ず役員給与を減額せざるを得ない事情があることをいうので、財務諸表の数値が相当程度悪化したことや倒産の危機に瀕したことだけでなく、経営状況の悪化に伴い、第三者である利害関係者（株主、債権者、取引先等）との関係上、役員に対する定期給与の額を減額せざるを得ない事情が生じていれば、これも含まれるものと考えられます。

第Ⅱ部　役員給与

定期同額給与関係

Q22 業績の悪化に伴い銀行とのリスケジュールにより役員に対する定期給与の額を期中に減額改定した場合

　当社は，製造業を営む3月決算法人です。

　昨今の経済情勢の変化により，当社の経営状況は悪化し債務超過の状況に陥ったため，当社は銀行からの借入れの返済ができなくなりました。

　そのため，当社は取引銀行との間で借入金返済のリスケジュールの協議を行い，平成24年9月に今後1年間は利息のみの返済で元本の返済を猶予してもらうことで合意しました。

　その際，銀行から当社の役員の定期給与の60％減額が条件となりました。

　そこで，当社は年度の中途でありますが，銀行との関係上，役員としての経営上の責任から役員に対する定期給与の額を10月分から60％減額改定することとし取締役会を開催し決定しました。

　当社は役員に対する定期給与を銀行とのリスケジュールに伴い役員給与の額を期中で減額改定することになりますが，この減額改定は「経営の状況が著しく悪化したことその他これに類する理由」による改定に当たりますか。

(代表取締役甲に対する定期給与の減額改定の場合)

> 銀行とのリスケジュールに伴い役員に対する定期給与の額を60%減額改定したが定期同額給与として損金の額に算入されるか。

平24.4月	5月	6月	7月	8月	9月	10月	11月	12月	平25.1月	2月	3月
100	100	100	100	100	100	40	40	40	40	40	40

(単位:万円)

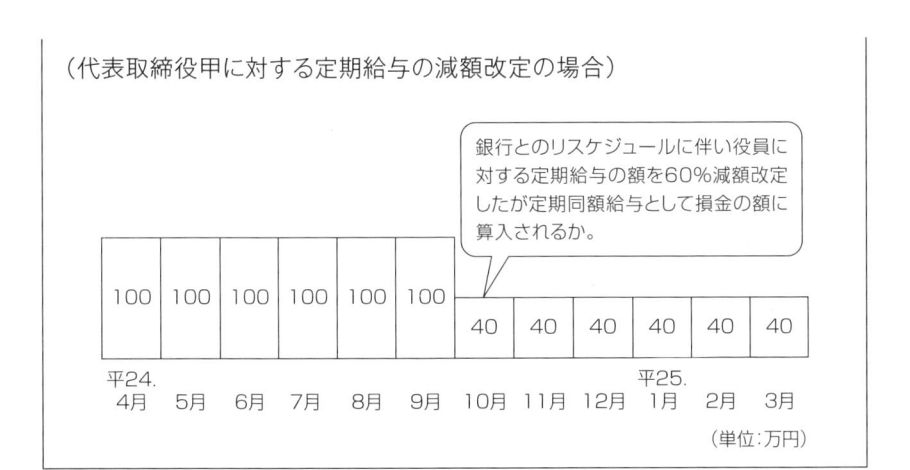

ANSWER

「経営の状況が著しく悪化したことその他これに類する理由」による改定とは経営状況が著しく悪化したことなどやむを得ず役員給与を減額せざるを得ない事情があることをいうので，財務諸表の数値が相当程度悪化したことや倒産の危機に瀕したことだけでなく，経営状況の悪化に伴い，第三者である利害関係者（株主，債権者，取引先等）との関係上，役員に対する定期給与の額を減額せざるを得ない事情が生じていれば，これも含まれるものと考えられます。

解説

1　定期同額給与

内国法人がその役員に対して支給する給与のうち定期同額給与は，原則としてこれを支給するその内国法人の各事業年度の所得の金額の計算上，損金の額に算入されることとされています（法法34①一，②）。

定期同額給与とはその支給時期が1月以下の一定の期間ごとである給与（以下「定期給与」といいます。）で当該事業年度の各支給時期における支給額が同額であるものその他これに準ずるものとして政令で定める給与をいいます（法法34①）。

第Ⅱ部　役員給与

　このその他これに準ずるものとして政令で定める給与とは，次に掲げる給与とされています（法令69①）。

(1) 定期給与で，次に掲げる改定（以下「給与改定」といいます。）がされた場合における当該事業年度開始の日又は給与改定前の最後の支給時期の翌日から給与改定後の最初の支給時期の前日又は当該事業年度終了の日までの間の各支給時期における支給額が同額であるもの

　　① 当該事業年度開始の日の属する会計期間の開始の日から3月を経過する日（保険会社（保険業法第2条第2項（定義）に規定する保険会社をいいます。）にあっては，当該会計期間開始の日から4月を経過する日。①において「3月経過日等」といいます。）まで（定期給与の額の改定（継続して毎年所定の時期にされるものに限ります。）が3月経過日等後にされることについて特別の事情があると認められる場合にあっては，当該改定の時期）にされた定期給与の額の改定

　　② 当該事業年度において当該内国法人の役員の職制上の地位の変更，その役員の職務の内容の重大な変更その他これらに類するやむを得ない事情（臨時改定事由）によりされたこれらの役員に係る定期給与の額の改定（①に掲げる改定を除きます。）

　　③ 当該事業年度において当該内国法人の<u>経営の状況が著しく悪化したことその他これに類する理由</u>（業績悪化改定事由）によりされた定期給与の額の改定（その定期給与の額を減額した改定に限り，①及び②に掲げる改定を除きます。）

(2) 継続的に供与される経済的な利益のうち，その供与される利益の額が毎月おおむね一定であるもの

　この(1)の③の業績悪化改定事由とは，経営状況が著しく悪化したことなどやむを得ず役員給与を減額せざるを得ない事情があることをいうのであることから，法人の一時的な資金繰りの都合や単に業績目標値に達しなかったことなどはこれに含まれないこととされています（法基通9－2－13）。

ところで，業績悪化改定事由については，「経営の状況が著しく悪化したことその他これに類する理由」とされていることから，本事例のような場合が該当するかが問題となります。

　この点について，国税庁から平成20年12月に公表された「役員給与に関するＱ＆Ａ」Ｑ１の解説によれば，法人税基本通達９－２－13のとおり，「経営の状況が著しく悪化したことその他これに類する理由」とは「経営状況が著しく悪化したことなどやむを得ず役員給与を減額せざるを得ない事情があることをいいますので，財務諸表の数値が相当程度悪化したことや倒産の危機に瀕したことだけでなく，経営状況の悪化に伴い，第三者である利害関係者（株主，債権者，取引先等）との関係上，役員給与の額を減額せざるを得ない事情が生じていれば，これも含まれることになります。」との考え方を示しています。

　また，同解説によれば，例えば，次のような場合の減額改定は，通常，業績悪化改定事由による改定に該当することになると考えられるものとしています。

① 株主との関係上，業績や財務状況の悪化についての役員としての経営上の責任から役員給与の額を減額せざるを得ない場合

② 取引銀行との間で行われる借入金返済のリスケジュールの協議において，役員給与の額を減額せざるを得ない場合

③ 業績や財務状況又は資金繰りが悪化したため，取引先等の利害関係者からの信用を維持・確保する必要性から，経営状況の改善を図るための計画が策定され，これに役員給与の額の減額が盛り込まれた場合

2　本事例の場合

　上記１のとおり，「経営の状況が著しく悪化したことその他これに類する理由」とは経営状況が著しく悪化したことなどやむを得ず役員給与を減額せざるを得ない事情があることをいうので，財務諸表の数値が相当程度悪化したことや倒産の危機に瀕したことだけでなく，経営状況の悪化に伴い，第三者である利害関係者（株主，債権者，取引先等）との関係上，役員に対する定期給与の額を減額せざるを得ない事情が生じていれば，これも含まれるものと考えられます。

第Ⅱ部　役員給与

定期同額給与関係

Q23 経営改善計画に基づく役員に対する定期給与の減額改定

　当社は，製造業を営む３月決算法人です。

　当社の上半期（平成24年４月から９月）の業績が急激に悪化したため，資金繰りが大変厳しい状況にあります。

　そこで，当社は取引先等の利害関係者からの信用を維持・確保するため，経営状況の改善を図るための経営改善計画を策定しました。

　その中には，役員としての経営上の責任から役員自らの定期給与の額を10月分から50％減額することも含まれており，その旨取締役会で決議しました。

　当社はこの経営改善計画に基づいて役員給与を期中で減額改定することになりますが，この減額改定は「経営の状況が著しく悪化したことその他これに類する理由」による改定に当たりますか。

（代表取締役甲に対する定期給与の減額改定の場合）

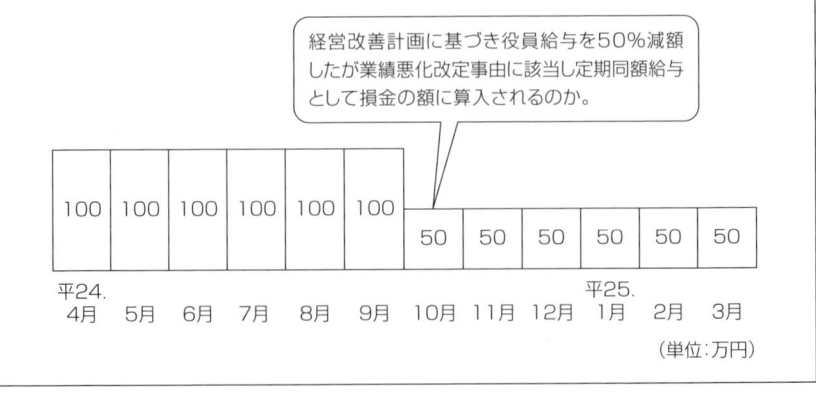

> 経営改善計画に基づき役員給与を50％減額したが業績悪化改定事由に該当し定期同額給与として損金の額に算入されるのか。

100	100	100	100	100	100	50	50	50	50	50	50
平24.4月	5月	6月	7月	8月	9月	10月	11月	12月	平25.1月	2月	3月

（単位：万円）

112

ANSWER

「経営の状況が著しく悪化したことその他これに類する理由」（業績悪化改定事由）とは経営状況が著しく悪化したことなどやむを得ず役員給与を減額せざるを得ない事情があることをいうので，財務諸表の数値が相当程度悪化したことや倒産の危機に瀕したことだけでなく，経営状況の悪化に伴い，第三者である利害関係者（株主，債権者，取引先等）との関係上，役員に対する定期給与の額を減額せざるを得ない事情が生じていれば，これも含まれるものと考えられます。

解 説

1 定期同額給与

内国法人がその役員に対して支給する給与のうち定期同額給与は，原則としてこれを支給するその内国法人の各事業年度の所得の金額の計算上，損金の額に算入されることとされています（法法34①一，②）。

定期同額給与とはその支給時期が1月以下の一定の期間ごとである給与（以下「定期給与」といいます。）で当該事業年度の各支給時期における支給額が同額であるものその他これに準ずるものとして政令で定める給与をいいます（法法34①）。

このその他これに準ずるものとして政令で定める給与とは，次に掲げる給与とされています（法令69①）。

(1) 定期給与で，次に掲げる改定（以下「給与改定」といいます。）がされた場合における当該事業年度開始の日又は給与改定前の最後の支給時期の翌日から給与改定後の最初の支給時期の前日又は当該事業年度終了の日までの間の各支給時期における支給額が同額であるもの

① 当該事業年度開始の日の属する会計期間の開始の日から3月を経過する日（保険会社（保険業法第2条第2項（定義）に規定する保険会社をいいます。）にあっては，当該会計期間開始の日から4月を経過する日。①において「3

月経過日等」といいます。）まで（定期給与の額の改定（継続して毎年所定の時期にされるものに限ります。）が3月経過日等後にされることについて特別の事情があると認められる場合にあっては，当該改定の時期）にされた定期給与の額の改定

　②　当該事業年度において当該内国法人の役員の職制上の地位の変更，その役員の職務の内容の重大な変更その他これらに類するやむを得ない事情（臨時改定事由）によりされたこれらの役員に係る定期給与の額の改定（①に掲げる改定を除きます。）

　③　当該事業年度において当該内国法人の<u>経営の状況が著しく悪化したことその他これに類する理由</u>（業績悪化改定事由）によりされた定期給与の額の改定（その定期給与の額を減額した改定に限り，①及び②に掲げる改定を除きます。）

(2)　継続的に供与される経済的な利益のうち，その供与される利益の額が毎月おおむね一定であるもの

　この(1)の③の業績悪化改定事由とは，経営状況が著しく悪化したことなどやむを得ず役員給与を減額せざるを得ない事情があることをいうのであることから，法人の一時的な資金繰りの都合や単に業績目標値に達しなかったことなどはこれに含まれないこととされています（法基通9－2－13）。

　ところで，業績悪化改定事由については，「経営の状況が著しく悪化したことその他これに類する理由」とされていることから，本事例のような場合が該当するかが問題となります。

　この点について，国税庁から平成20年12月に公表された「役員給与に関するＱ＆Ａ」Ｑ1の解説によれば，法人税基本通達9－2－13のとおり，「経営の状況が著しく悪化したことその他これに類する理由」とは「経営状況が著しく悪化したことなどやむを得ず役員給与を減額せざるを得ない事情があることをいいますので，財務諸表の数値が相当程度悪化したことや倒産の危機に瀕したことだけでなく，経営状況の悪化に伴い，第三者である利害関係者（株主,

債権者、取引先等）との関係上、役員給与の額を減額せざるを得ない事情が生じていれば、これも含まれることになります。」との考え方を示しています。

また、同解説によれば、例えば、次のような場合の減額改定は、通常、業績悪化改定事由による改定に該当することになると考えられるものとしています。

① 株主との関係上、業績や財務状況の悪化についての役員としての経営上の責任から役員給与の額を減額せざるを得ない場合
② 取引銀行との間で行われる借入金返済のリスケジュールの協議において、役員給与の額を減額せざるを得ない場合
③ 業績や財務状況又は資金繰りが悪化したため、取引先等の利害関係者からの信用を維持・確保する必要性から、経営状況の改善を図るための計画が策定され、これに役員給与の額の減額が盛り込まれた場合

そして、同解説によれば「上記③に該当するかどうかについては、その策定された経営状況の改善を図るための計画によって判断できるものと考えられます。この場合、その計画は取引先等の利害関係者からの信用を維持・確保することを目的として策定されるものであるので、利害関係者から開示等の求めがあればこれに応じられるものということになります」との考え方が示されています。

2 本事例の場合

上記1のとおり、「経営の状況が著しく悪化したことその他これに類する理由」（業績悪化改定事由）とは経営状況が著しく悪化したことなどやむを得ず役員給与を減額せざるを得ない事情があることをいうので、財務諸表の数値が相当程度悪化したことや倒産の危機に瀕したことだけでなく、経営状況の悪化に伴い、第三者である利害関係者（株主、債権者、取引先等）との関係上、役員に対する定期給与の額を減額せざるを得ない事情が生じていれば、これも含まれるものと考えられます。

第Ⅱ部　役員給与

定期同額給与関係

Q24　役員給与の額の据置きを定時株主総会で決議しないで，その後営業利益の確保のみを目的に役員に対する定期給与を減額改定した場合

　当社は卸売業を営む3月決算法人です。

　平成24年5月25日の定時株主総会において，当社は任期の途中である代表取締役甲に対する定期給与について前年の定時株主総会において決議された額を据え置くこととしたことから，定時株主総会の議案には盛り込みませんでした。

　その後，当社の営業利益を確保することのみを目的に平成24年9月28日に臨時株主総会を開催し甲に対する定期給与の額を10月分から100万円を50万円に減額する旨の決議をしました。

　当社が甲に対して支給した①事業年度開始の日から定時株主総会までに支給した定期給与（平成24年4月分と5月分），②定時株主総会後に支給した定期給与（平成24年6月分から平成25年3月分までの給与）について，それぞれ定期同額給与に該当し損金の額に算入されますか。

　なお，当社は平成23年5月25日の定時株主総会において代表取締役甲に対して定期給与として月額100万円を支給（当社の給与支給日は毎月20日）することを決議していました。

　また，当社は平成25年3月期に係る法人税の確定申告書について申告期限前のため提出しておりません。

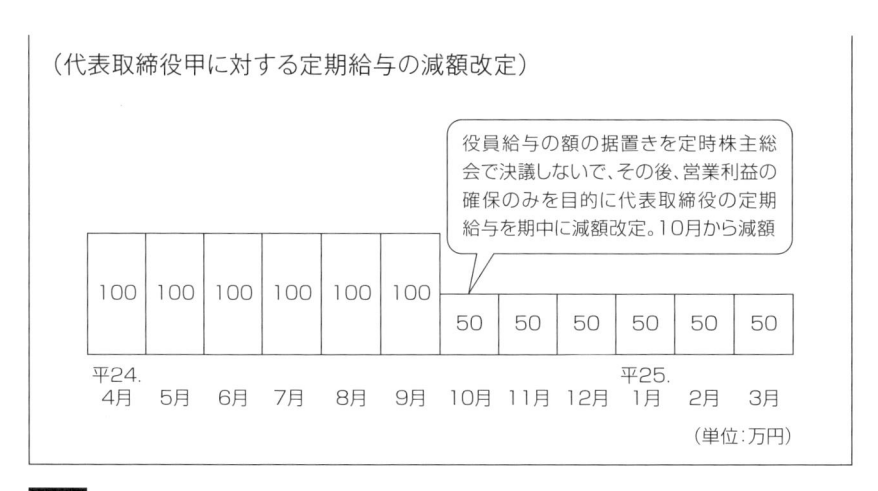

（代表取締役甲に対する定期給与の減額改定）

> 役員給与の額の据置きを定時株主総会で決議しないで、その後、営業利益の確保のみを目的に代表取締役の定期給与を期中に減額改定。10月から減額

平24. 4月	5月	6月	7月	8月	9月	10月	11月	12月	平25. 1月	2月	3月
100	100	100	100	100	100	50	50	50	50	50	50

（単位：万円）

A NSWER

　貴社が甲に対して支給する平成24年4月及び5月の定期給与は、定期同額給与に該当するものと取り扱って差し支えないものと考えられます。

　また、平成24年6月以降の給与は、臨時改定事由や業績悪化改定事由による改定に該当しない減額改定によって、各支給時期における支給額が同額となっておりませんが、その減額改定後（平成24年10月以降）の各支給時期における支給額が同額であるときなどは、減額改定後の定期給与の額（50万円）を当職務執行期間において継続して支給するとともに、減額改定前の期間（平成24年6月分から9月分までの4ケ月間）においてはその継続して支給している定期給与の額（50万円）に50万円を上乗せして支給していたものともみることができることから、その減額改定後の定期給与の額（50万円）に相当する部分が定期同額給与となるものと考えられます。

　したがって、損金不算入額は、減額改定前の定期給与の額のうち減額改定後の定期給与の額を超える部分の金額200万円（50万円×4ケ月分（平成24年6月分から9月分まで））となるものと考えられます。

第Ⅱ部　役員給与

解 説

1 定期同額給与

　内国法人がその役員に対して支給する給与のうち定期同額給与は，原則としてこれを支給するその内国法人の各事業年度の所得の金額の計算上，損金の額に算入されることとされています（法法34①一，②）。

　定期同額給与とはその支給時期が１月以下の一定の期間ごとである給与（以下「定期給与」といいます。）で当該事業年度の各支給時期における支給額が同額であるものその他これに準ずるものとして政令で定める給与をいいます（法法34①）。

　このその他これに準ずるものとして政令で定める給与とは，次に掲げる給与とされています（法令69①）。

(1) 定期給与で，次に掲げる改定（以下「給与改定」といいます。）がされた場合における当該事業年度開始の日又は給与改定前の最後の支給時期の翌日から給与改定後の最初の支給時期の前日又は当該事業年度終了の日までの間の各支給時期における支給額が同額であるもの

① 当該事業年度開始の日の属する会計期間の開始の日から３月を経過する日（保険会社（保険業法第２条第２項（定義）に規定する保険会社をいいます。）にあっては，当該会計期間開始の日から４月を経過する日。①において「３月経過日等」といいます。）まで（定期給与の額の改定（継続して毎年所定の時期にされるものに限ります。）が３月経過日等後にされることについて特別の事情があると認められる場合にあっては，当該改定の時期）にされた定期給与の額の改定

② 当該事業年度において当該内国法人の役員の職制上の地位の変更，その役員の職務の内容の重大な変更その他これらに類するやむを得ない事情（臨時改定事由）によりされたこれらの役員に係る定期給与の額の改定（①に掲げる改定を除きます。）

③ 当該事業年度において当該内国法人の経営の状況が著しく悪化したこ

とその他これに類する理由（業績悪化改定事由）によりされた定期給与の額の改定（その定期給与の額を減額した改定に限り，①及び②に掲げる改定を除きます。）

(2) 継続的に供与される経済的な利益のうち，その供与される利益の額が毎月おおむね一定であるもの

本事例の場合は，平成24年5月25日の定時株主総会においては任期の途中である代表取締役甲に対する定期給与は前年の定時株主総会において決議された額を据え置くこととしたことから，定時株主総会の議案には盛り込まなかったため，上記(1)①の定時株主総会における通常改定が行われなかったとも考えられます。

また，平成24年9月28日の臨時株主総会決議の減額改定は，営業利益の確保を目的としていることから，臨時改定事由及び業績悪化改定事由に該当しないものと考えられます。

そうすると，定期同額給与の判定は12ケ月間の支給額で行うことになり，12ケ月間の支給時期における支給額が同額でないことから，当期の平成25年3月期に甲に支給した12ケ月分の役員給与のすべてが定期同額給与に該当しないとも考えられます。

この点について，国税庁から平成20年12月に公表された「役員給与に関するQ＆A」Q4の解説によれば，「任期中である役員に対して前年の定時株主総会で決議された支給額を引き続き支給することとする場合には，当年の定時株主総会から開始する新たな職務執行期間（以下「当職務執行期間」といいます。）の開始に当たり，改めて当職務執行期間に係る支給額についての決議を経ないといった企業慣行も見受けられるところであり，貴社においても，任期の中途である役員の給与の額を据え置くこととしたことから，当年の定時株主総会の議案に役員給与の額に関する事項を盛り込まなかったとのことです。また，貴社は，通常，役員給与の額の改定を5月に開催する定時株主総会において決議することとしているとのことであり，本年の4月及び5月に支給した金額は前年の定時株主総会で確定していたということになります。その上で，当職務執

行期間の中途で臨時改定事由や業績悪化改定事由に該当しない減額改定がされたわけですが，その事実をもって，前年の定時株主総会で確定していた前年の定時株主総会から開始する職務執行期間に係る給与（前年6月分から当年5月分までの給与）についてまで定期同額給与に該当しないと解することは相当ではないと考えられます。このように過去の改定実態等その法人の慣行等からその法人の通常改定の時期が確認できる場合には，前年の通常改定（例えば，定時株主総会）で決議された支給額を当年も引き続き支給することとしたため，改めて当職務執行期間に係る支給額についての決議を経ないといったようなときであっても，当年の通常改定において，同額改定の決議があったときと同様に取り扱うことが相当と考えられます。」との考え方を示しています。

したがって，平成24年4月及び5月の給与は定期同額給与に該当するものと取り扱って差し支えないものと考えられます。

平成24年6月以降の給与は，臨時改定事由や業績悪化改定事由による改定に該当しない減額改定によって，各支給時期における支給額が同額となっておりませんが，その減額改定後（平成24年10月以降）の各支給時期における支給額が同額であるときなどは，減額改定後の定期給与の額（50万円）を当職務執行期間において継続して支給するとともに，減額改定前の期間（平成24年6月分から9月分までの4ヶ月間）においてはその継続して支給している定期給与の額（50万円）に50万円を上乗せして支給していたものともみることができることから，その減額改定後の定期給与の額（50万円）に相当する部分が定期同額給与となるものと考えられます。

したがって，損金不算入額は，減額改定前の定期給与の額のうち減額改定後の定期給与の額を超える部分の金額200万円（50万円×4ヶ月分（平成24年6月分から9月分まで））となるものと考えられます。

2　本事例の場合

上記1のとおり，貴社が甲に対して支給する平成24年4月及び5月の給与は，定期同額給与に該当するものと取り扱って差し支えないものと考えられます。

平成24年6月以降の給与は，臨時改定事由や業績悪化改定事由による改定に該当しない減額改定によって，各支給時期における支給額が同額となっておりませんが，その減額改定後（平成24年10月以降）の各支給時期における支給額が同額であるときなどは，減額改定後の定期給与の額（50万円）を当職務執行期間において継続して支給するとともに，減額改定前の期間（平成24年6月分から9月分までの4ヶ月間）においてはその継続して支給している定期給与の額（50万円）に50万円を上乗せして支給していたものともみることができることから，その減額改定後の定期給与の額（50万円）に相当する部分が定期同額給与となるものと考えられます。

　したがって，損金不算入額は，減額改定前の定期給与の額のうち減額改定後の定期給与の額を超える部分の金額200万円（50万円×4ヶ月分（平成24年6月分から9月分まで））となるものと考えられます。

3　申告調整

　上記2のとおり，甲に対して支給した役員給与の損金不算入額は，減額改定前の定期給与の額のうち減額改定後の定期給与の額を超える部分の金額200万円（50万円×4ヶ月分（平成24年6月分から9月分まで））になるので申告調整で加算することになります。

《平成25年3月期》

【会社経理】

　（借）役員報酬　9,000,000　　（貸）現　預　金　9,000,000
　　（注）源泉所得税の処理は省略します。

第Ⅱ部　役員給与

【申告調整】

別表四（簡易様式）

所得の金額の計算に関する明細書（簡易様式）

事業年度　24・4・1 ～ 25・3・31　　法人名　○○社

区　分		総　額 ①	処　分	
			留　保 ②	社外流出 ③
当期利益又は当期欠損の額	1	円	円	配当　　円 その他
加算	損金の額に算入した法人税（附帯税を除く。）	2			
	損金の額に算入した道府県民税（利子割額を除く。）及び市町村民税	3			
	損金の額に算入した道府県民税利子割額	4			
	損金の額に算入した納税充当金	5			
	損金の額に算入した附帯税（利子税を除く。）、加算金、延滞金（延納分を除く。）及び過怠税	6			その他
	減価償却の償却超過額	7			
	役員給与の損金不算入額	8	2,000,000		その他　2,000,000
	交際費等の損金不算入額	9			その他
		10			
		11			
		12			
	小　　計	13			

定期同額給与関係

Q25 役員に歩合給を支給した場合

当社は、運送業を営む３月決算法人です。

当社の常務取締役甲は役員の職務のほか使用人と同様に配送業務にも従事しています。

当社は甲に対して月額の固定給のほか、月々の各人別の運送収入に応じた歩合給を支給しましたが、この歩合給は定期同額給与として損金の額に算入されますか。

なお、甲に対する歩合給の支給基準は使用人に対する支給基準と同一の支給基準となっています。

また、当社は平成25年３月期に係る法人税の確定申告書について申告期限前のため提出しておりません。

（単位：万円）

	平24.4	24.5	24.6	24.7	24.8	24.9	24.10	24.11	24.12	25.1	25.2	25.3	合計
固定給	80	80	80	80	80	80	80	80	80	80	80	80	960
歩合給	15	25	20	16	23	21	13	24	23	17	24	19	240

ANSWER

常務取締役甲に対する歩合給が、使用人の算定基準と同一の基準で毎月支給されるものであっても、当該事業年度の各支給時期におけるその支給額が同額でないことから、歩合給部分は定期同額給与に該当しないため、損金の額に算入されないものと考えられます。

第Ⅱ部　役員給与

解　説

1　定期同額給与

　内国法人がその役員に対して支給する給与のうち定期同額給与は，原則としてこれを支給するその内国法人の各事業年度の所得の金額の計算上，損金の額に算入されることとされています（法法34①一，②）。

　定期同額給与とはその支給時期が1月以下の一定の期間ごとである給与（以下「定期給与」といいます。）で当該事業年度の各支給時期における支給額が同額であるものその他これに準ずるものとして政令で定める給与をいいます（法法34①）。

　このその他これに準ずるものとして政令で定める給与とは，次に掲げる給与とされています（法令69①）。

(1)　定期給与で，次に掲げる改定（以下「給与改定」といいます。）がされた場合における当該事業年度開始の日又は給与改定前の最後の支給時期の翌日から給与改定後の最初の支給時期の前日又は当該事業年度終了の日までの間の各支給時期における支給額が同額であるもの

　①　当該事業年度開始の日の属する会計期間の開始の日から3月を経過する日（保険会社（保険業法第2条第2項（定義）に規定する保険会社をいいます。）にあっては，当該会計期間開始の日から4月を経過する日。①において「3月経過日等」といいます。）まで（定期給与の額の改定（継続して毎年所定の時期にされるものに限ります。）が3月経過日等後にされることについて特別の事情があると認められる場合にあっては，当該改定の時期）にされた定期給与の額の改定

　②　当該事業年度において当該内国法人の役員の職制上の地位の変更，その役員の職務の内容の重大な変更その他これらに類するやむを得ない事情（以下「臨時改定事由」といいます。）によりされたこれらの役員に係る定期給与の額の改定（①に掲げる改定を除きます。）

　③　当該事業年度において当該内国法人の経営の状況が著しく悪化したこ

とその他これに類する理由（以下「業績悪化改定事由」といいます。）によりされた定期給与の額の改定（その定期給与の額を減額した改定に限り，①及び②に掲げる改定を除きます。）

(2) 継続的に供与される経済的な利益のうち，その供与される利益の額が毎月おおむね一定であるもの

平成18年税制改正前において，法人がその役員に対して月俸，年俸等の固定給のほかに歩合給若しくは能率給又は超過勤務手当（使用人兼務役員に対する超過勤務手当に限ります。）を支給している場合においては，これらの支給が使用人に対する支給基準と同一の基準によっているときは，これらの給与は法第35条第4項《賞与》に定める臨時的な給与としないで定期の給与とされていました（旧法基通9－2－15）。

ところが，平成18年度の改正において，損金の額に算入対象となる定期同額給与とは，定期給与のうち当該事業年度の各支給時期における支給額が同額である給与をいいますから，本事例の歩合給のように，たとえ，使用人の算定基準と同一の基準に基づき，規則的に継続して支給されるものであっても，その支給額が同額でない給与は定期同額給与に該当しないものと考えられます（法法34①一）。

したがって，各月の支給額が異なることとなる歩合給や能率給等は，法人税法第34条第1項第3号に規定する利益連動給与のうち一定の要件を満たすものに該当するものを除き，損金の額に算入されないものと考えられます。

なお，固定給の部分と歩合給の部分とがあらかじめ明らかとなっている場合は，固定給の部分については，定期同額給与の要件を満たす限り，損金の額に算入されるものと考えられます（法法34①一）。

また，本事例は常務取締役で使用人兼務役員になれない役員ですが，使用人兼務役員に支給する使用人としての職務に対する給与について歩合制を採用している場合に，この歩合給が損金算入できるかが問題となります。

この点について，国税庁から公表された「役員に対する歩合給（定期同額給与）」（質疑応答事例）の解説によれば，「歩合給や能率給等は，一般には，使用人兼務

第Ⅱ部　役員給与

役員に対して支給されるケースが多いものと思われ，使用人兼務役員に支給する使用人としての職務に対する給与について歩合制を採用している場合には，不相当に高額なものに該当しない限り，原則として，損金の額に算入されることとなります（法34①②）。」との考え方が示されています。

2　本事例の場合

　常務取締役甲に対する歩合給が，使用人の算定基準と同一の基準で毎月支給されるものであっても，当該事業年度の各支給時期におけるその支給額が同額でないことから，歩合給部分は定期同額給与に該当しないため，損金の額に算入されないものと考えられます。

3　申告調整

　常務取締役甲に対する歩合給が，その支給額が同額でないことから，歩合給部分240万円は定期同額給与に該当しないことから損金の額に算入されないので申告調整で加算することになります。

《平成25年3月期》

【会社経理】

　　（借）役 員 報 酬　12,000,000　　（貸）現　預　金　12,000,000

　　（注）源泉所得税の処理は省略します。

【申告調整】

所得の金額の計算に関する明細書(簡易様式)　事業年度 24・4・1 〜 25・3・31　法人名 ○○社　別表四(簡易様式)

区　分		総　額 ①	処分 留保 ②	処分 社外流出 ③	
当期利益又は当期欠損の額	1	円	円	配当	円
				その他	
加算	損金の額に算入した法人税(附帯税を除く。)	2				
	損金の額に算入した道府県民税(利子割額を除く。)及び市町村民税	3				
	損金の額に算入した道府県民税利子割額	4				
	損金の額に算入した納税充当金	5				
	損金の額に算入した附帯税(利子税を除く。)、加算金、延滞金(延納分を除く。)及び過怠税	6			その他	
	減価償却の償却超過額	7				
	役員給与の損金不算入額	8	2,400,000		その他	2,400,000
	交際費等の損金不算入額	9			その他	
		10				
		11				
		12				
	小　計	13				

第Ⅱ部　役員給与

定期同額給与関係

Q26　役員に単身赴任手当を支給した場合

　当社は，卸売業を営む3月決算法人です。
　この度，当社は業務の拡大に伴い福岡に支店を開設しました。
　その支店の責任者として平成24年10月1日付で常務取締役甲が福岡支店長として単身で赴任することになりました。
　そこで，当社は常務取締役甲が単身で赴任するため当社の規定に基づき平成24年10月から単身赴任手当（毎月同額）を甲に支給することにしました。
　当社が甲に支給するこの単身赴任手当は定期同額給与に該当し損金の額に算入されますか。

ANSWER

　常務取締役甲に対する単身赴任手当は，役員の職務の内容の重大な変更により支給することから臨時改定事由による給与改定に該当し，定期同額給与として取り扱われるものと考えられます。

解説

1　定期同額給与

　内国法人がその役員に対して支給する給与のうち定期同額給与は，原則としてこれを支給するその内国法人の各事業年度の所得の金額の計算上，損金の額に算入されることとされています（法法34①一，②）。
　定期同額給与とはその支給時期が1月以下の一定の期間ごとである給与（以下「定期給与」といいます。）で当該事業年度の各支給時期における支給額が同額

であるものその他これに準ずるものとして政令で定める給与をいいます(法法34①)。

このその他これに準ずるものとして政令で定める給与とは,次に掲げる給与とされています(法法34①)。

(1) 定期給与で,次に掲げる改定(以下「給与改定」といいます。)がされた場合における当該事業年度開始の日又は給与改定前の最後の支給時期の翌日から給与改定後の最初の支給時期の前日又は当該事業年度終了の日までの間の各支給時期における支給額が同額であるもの

① 当該事業年度開始の日の属する会計期間の開始の日から3月を経過する日(保険会社(保険業法第2条第2項(定義)に規定する保険会社をいいます。)にあっては,当該会計期間開始の日から4月を経過する日。①において「3月経過日等」といいます。)まで(定期給与の額の改定(継続して毎年所定の時期にされるものに限ります。)が3月経過日等後にされることについて特別の事情があると認められる場合にあっては,当該改定の時期)にされた定期給与の額の改定

② 当該事業年度において当該内国法人の役員の職制上の地位の変更,<u>その役員の職務の内容の重大な変更</u>その他これらに類するやむを得ない事情(以下「臨時改定事由」といいます。)によりされたこれらの役員に係る定期給与の額の改定(①に掲げる改定を除きます。)

③ 当該事業年度において当該内国法人の経営の状況が著しく悪化したことその他これに類する理由(以下「業績悪化改定事由」といいます。)によりされた定期給与の額の改定(その定期給与の額を減額した改定に限り,①及び②に掲げる改定を除きます。)

(2) 継続的に供与される経済的な利益のうち,その供与される利益の額が毎月おおむね一定であるもの

単身赴任は,会社の業務の一環として行われるものであり,また,常務取締役甲に対する単身赴任手当は,貴社の規定により支給されるものであり,お手

第Ⅱ部　役員給与

盛りや利益調整といったものではないものと考えられます。

したがって，常務取締役甲に対する単身赴任手当は，役員の職務の内容の重大な変更により支給することから臨時改定事由による給与改定に該当するものと考えられます。

2　本事例の場合

常務取締役甲に対する単身赴任手当は，役員の職務の内容の重大な変更により支給することから臨時改定事由による給与改定に該当するものと考えられます。

したがって，常務取締役甲に対する単身赴任手当は，定期同額給与として取り扱ってもよいものと考えられます。

定期同額給与関係

Q27 役員に対する渡切り交際費は定期同額給与になるか

　当社は卸売業を営む3月決算法人です。

　当社は営業担当の甲常務取締役に取引先との折衝等のため毎月20万円の資金を支給し交際費等として処理していました。

　今般，税務調査において，当社ではその金額について精算を行っておらず，渡切りの状態であったこと，また，その使途についても説明が十分にできなかったことから，渡切り交際費等として否認されました。

　この場合，当社が甲に対して毎月支給した20万円は定期同額給与として損金の額に算入されますか。

　なお，仮にこの金額を定期同額給与としたとしても過大役員給与の問題は生じないものとします。

（当社から甲に対する定期給与）

　　当社が甲に対して毎月交際費等として支給した20万円は定期同額給与として損金の額に算入されるのか。

20	20	20	20	20	20	20	20	20	20	20	20
80	80	80	80	80	80	80	80	80	80	80	80

平24.4月　5月　6月　7月　8月　9月　10月　11月　12月　平25.1月　2月　3月

(単位：万円)

第Ⅱ部　役員給与

ANSWER

　貴社が常務取締役甲に対して毎月支給した20万円は定期同額給与として損金の額に算入されるものと考えられます。

　なお，甲に対して源泉徴収が必要となります。

解　説

1　定期同額給与

　内国法人がその役員に対して支給する給与のうち定期同額給与は，原則としてこれを支給するその内国法人の各事業年度の所得の金額の計算上，損金の額に算入されることとされています（法法34①一，②）。

　定期同額給与とはその支給時期が1月以下の一定の期間ごとである給与（以下「定期給与」といいます。）で当該事業年度の各支給時期における支給額が同額であるものその他これに準ずるものとして政令で定める給与をいいます（法法34①）。

　このその他これに準ずるものとして政令で定める給与とは，次に掲げる給与とされています（法令69①）。

(1)　定期給与で，次に掲げる改定（以下「給与改定」といいます。）がされた場合における当該事業年度開始の日又は給与改定前の最後の支給時期の翌日から給与改定後の最初の支給時期の前日又は当該事業年度終了の日までの間の各支給時期における支給額が同額であるもの

①　当該事業年度開始の日の属する会計期間の開始の日から3月を経過する日（保険会社（保険業法第2条第2項（定義）に規定する保険会社をいいます。）にあっては，当該会計期間開始の日から4月を経過する日。①において「3月経過日等」といいます。）まで（定期給与の額の改定（継続して毎年所定の時期にされるものに限ります。）が3月経過日等後にされることについて特別の事情があると認められる場合にあっては，当該改定の時期）にされた定期給与の額の改定

②　当該事業年度において当該内国法人の役員の職制上の地位の変更，その役員の職務の内容の重大な変更その他これらに類するやむを得ない事情（以下「臨時改定事由」といいます。）によりされたこれらの役員に係る定期給与の額の改定（①に掲げる改定を除きます。）

　③　当該事業年度において当該内国法人の経営の状況が著しく悪化したことその他これに類する理由（以下「業績悪化改定事由」といいます。）によりされた定期給与の額の改定（その定期給与の額を減額した改定に限り，①及び②に掲げる改定を除きます。）

(2)　継続的に供与される経済的な利益のうち，その供与される利益の額が毎月おおむね一定であるもの

2　経済的な利益の供与

(1)　債務の免除によるその他の経済的な利益

　この役員給与に含まれる債務の免除による利益その他の経済的な利益（法法34④）とは，次に掲げるもののように，法人がこれらの行為をしたことにより実質的にその役員等（役員及び同条に規定する特殊の関係のある使用人をいう。以下同じ。）に対して給与を支給したと同様の経済的効果をもたらすもの（明らかに株主等の地位に基づいて取得したと認められるもの及び病気見舞，災害見舞等のような純然たる贈与と認められるものを除きます。）をいうものとされています（法基通9－2－9）。

　　①　役員等に対して物品その他の資産を贈与した場合におけるその資産の価額に相当する金額

　　②　役員等に対して所有資産を低い価額で譲渡した場合におけるその資産の価額と譲渡価額との差額に相当する金額

　　③　役員等から高い価額で資産を買い入れた場合におけるその資産の価額と買入価額との差額に相当する金額

　　④　役員等に対して有する債権を放棄し又は免除した場合（貸倒れに該当する場合を除きます。）におけるその放棄し又は免除した債権の額に相当す

る金額
- ⑤ 役員等から債務を無償で引き受けた場合におけるその引き受けた債務の額に相当する金額
- ⑥ 役員等に対してその居住の用に供する土地又は家屋を無償又は低い価額で提供した場合における通常取得すべき賃貸料の額と実際徴収した賃貸料の額との差額に相当する金額
- ⑦ 役員等に対して金銭を無償又は通常の利率よりも低い利率で貸し付けた場合における通常取得すべき利率により計算した利息の額と実際徴収した利息の額との差額に相当する金額
- ⑧ 役員等に対して無償又は低い対価で⑥及び⑦に掲げるもの以外の用役の提供をした場合における通常その用役の対価として収入すべき金額と実際に収入した対価の額との差額に相当する金額
- ⑨ <u>役員等に対して機密費, 接待費, 交際費, 旅費等の名義で支給したもののうち, その法人の業務のために使用したことが明らかでないもの</u>
- ⑩ 役員等のために個人的費用を負担した場合におけるその費用の額に相当する金額
- ⑪ 役員等が社交団体等の会員となるため又は会員となっているために要する当該社交団体の入会金, 経常会費その他当該社交団体の運営のために要する費用で当該役員等の負担すべきものを法人が負担した場合におけるその負担した費用の額に相当する金額
- ⑫ 法人が役員等を被保険者及び保険金受取人とする生命保険契約を締結してその保険料の額の全部又は一部を負担した場合におけるその負担した保険料の額に相当する金額

なお, 法人が役員等に対し法人税基本通達9－2－9《債務の免除による利益その他の経済的な利益》に掲げる経済的な利益の供与をした場合において, それが所得税法上経済的な利益として課税されないものであり, かつ, 当該法人がその役員等に対する給与として経理しなかったものであるときは, 給与として取り扱わないものとされています（法基通9－2－10）。

(2) 継続的に供与される経済的利益の意義

そして，令第69条第1項第2号《定期同額給与の範囲等》に規定する「継続的に供与される経済的な利益のうち，その供与される利益の額が毎月おおむね一定であるもの」とは，その役員が受ける経済的な利益の額が毎月おおむね一定であるものをいうのであるから，例えば，次に掲げるものはこれに該当することとされています（法基本通9－2－11）。

① 上記(1)の①，②又は⑧に掲げる金額でその額が毎月おおむね一定しているもの
② 上記(1)の⑥又は⑦に掲げる金額（その額が毎月著しく変動するものを除きます。）
③ 上記(1)の⑨に掲げる金額で毎月定額により支給される渡切交際費に係るもの
④ 上記(1)の⑩に掲げる金額で毎月負担する住宅の光熱費，家事使用人給料等（その額が毎月著しく変動するものを除きます。）
⑤ 上記(1)の⑪及び⑫に掲げる金額で経常的に負担するもの

3 本事例の場合

上記1及び2のとおり，貴社は常務取締役甲に対して毎月定額の20万円を交際費等として支給していますが，貴社はその資金について精算を行っておらず，渡切りの状態であったこと，また，その使途についても法人の業務のために使用したとの説明が十分にできなかったことから，渡切り交際費等として否認されものですので甲に対する定期同額給与として取り扱われるものと考えられます。

なお，甲に対して源泉徴収が必要となります。

第Ⅱ部　役員給与

定期同額給与関係

Q28　定期同額給与を未払計上した場合

当社は，製造業を営む3月決算法人です。

当社では，平成25年2月分と3月分は売上が減少し資金繰りが悪化したことから，代表取締役甲に対する定期給与（月額100万円）は2月分と3月分は半分ずつ支払い，残額については未払処理をし，その残額の100万円については売上が回復した平成25年4月10日に支払いました。

代表取締役甲に対する定期給与のうち，平成25年2月分及び3月分の未払分も含めたところで，定期同額給与として損金の額に算入されますか。

なお，当社は平成24年3月期の定時株主総会を平成24年5月25日に開催し取締役に係る定期給与は前年に決議された支給額と同額の決議を行い6月から支給しています。

（代表取締役甲に対する定期給与）

> 2月分と3月分の定期給与100万円のうち50万円は支払、50万円は未払処理。

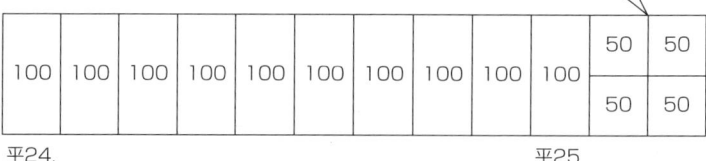

平24.4月	5月	6月	7月	8月	9月	10月	11月	12月	平25.1月	2月	3月
100	100	100	100	100	100	100	100	100	100	50	50
										50	50

（単位：万円）

ANSWER

本事例のように役員に対する定期同額給与が未払となったことに客観的，合理的な理由があり，その後短期間で支払われているような場合には，定期同額

給与として取り扱われるものと考えられます。

解説

1 定期同額給与

　内国法人がその役員に対して支給する給与のうち定期同額給与は，原則としてこれを支給するその内国法人の各事業年度の所得の金額の計算上，損金の額に算入されることとされています（法法34①一，②）。

　定期同額給与とはその支給時期が１月以下の一定の期間ごとである給与（以下「定期給与」といいます。）で当該事業年度の各支給時期における支給額が同額であるものその他これに準ずるものとして政令で定める給与をいいます。

　このその他これに準ずるものとして政令で定める給与とは，次に掲げる給与とされています（法法34①，法令69①）。

(1)　定期給与で，次に掲げる改定（以下「給与改定」といいます。）がされた場合における当該事業年度開始の日又は給与改定前の最後の支給時期の翌日から給与改定後の最初の支給時期の前日又は当該事業年度終了の日までの間の各支給時期における支給額が同額であるもの

　①　当該事業年度開始の日の属する会計期間の開始の日から３月を経過する日（保険会社（保険業法第２条第２項（定義）に規定する保険会社をいいます。）にあっては，当該会計期間開始の日から４月を経過する日。①において「３月経過日等」といいます。）まで（定期給与の額の改定（継続して毎年所定の時期にされるものに限ります。）が３月経過日等後にされることについて特別の事情があると認められる場合にあっては，当該改定の時期）にされた定期給与の額の改定

　②　当該事業年度において当該内国法人の役員の職制上の地位の変更，その役員の職務の内容の重大な変更その他これらに類するやむを得ない事情（以下「臨時改定事由」といいます。）によりされたこれらの役員に係る定期給与の額の改定（①に掲げる改定を除きます。）

　③　当該事業年度において当該内国法人の経営の状況が著しく悪化したこ

第Ⅱ部　役員給与

とその他これに類する理由（以下「業績悪化改定事由」といいます。）によりされた定期給与の額の改定（その定期給与の額を減額した改定に限り，①及び②に掲げる改定を除きます。）

(2) 継続的に供与される経済的な利益のうち，その供与される利益の額が毎月おおむね一定であるもの

そうすると，代表取締役甲に対する定期給与は100万円ですが，平成25年2月分に未払分50万円と3月分に未払分50万円があることから，定期同額給与として損金の額に算入される要件である各支給時期における支給額が同額との要件を満たしていないのではないかとの疑問があります。

例えば，給与のうち一部を未払処理しその金額を従業員の賞与月に支給することとすると「事前確定届出給与」制度が実効性のないものとなってしまいます。

しかしながら，企業においては，売上が減少したり，売掛金の回収状況や貸倒等の問題で，資金繰りが悪化し役員に対する定期給与の額が未払となることもあり得ることです。

そのため，本事例のように役員に対する定期同額給与が未払となったことに客観的，合理的な理由があり，その後短期間で支払われているような場合には，定期同額給与として取り扱われるものと考えられます。

2　本事例の場合

上記1のとおり，本事例のように役員に対する定期同額給与が未払となったことに客観的，合理的な理由があり，その後短期間で支払われているような場合には，定期同額給与として取り扱われるものと考えられます。

定期同額給与関係

Q29 定期同額給与の支給金額の決定を代表取締役に一任した場合

　当社は，製造業を営む３月決算法人です。

　今般，当社は取締役の受けるべき年間の報酬総額について平成24年５月25日の定時株主総会で決議し，各取締役の定期同額給与については定時株主総会直後の取締役会に一任し，取締役会はさらに各取締役の定期同額給与について，代表取締役社長に一任しました。代表取締役社長は各取締役の定期同額給与をその日のうちに決定し，代表取締役社長が決定した各取締役の定期同額給与をその日のうちに取締役会に報告し了承を得ています。

　当社では以上のような役員給与の改定手続を行いましたが，このような役員給与の改定手続は株主総会等による改定に該当しますか。

ANSWER

　代表取締役社長は各取締役の定期同額給与をその日のうちに決定した後，各取締役の定期同額給与をその日のうちに取締役会に報告し了承を得ていることからすると，取締役会の決議と同様なものであり，株主総会等の決議による改定として取り扱って差し支えないものと考えられます。

解説

　取締役の報酬，賞与その他の職務執行の対価として株式会社から受ける財産上の利益（以下「報酬等」といいます。）についての次に掲げる事項は，定款に当該事項を定めていないときは，株主総会の決議によって定めることとされています（会社法361①）。

第Ⅱ部　役員給与

(1) 報酬等のうち額が確定しているものについては，その額
(2) 報酬等のうち額が確定していないものについては，その具体的な算定方法
(3) 報酬等のうち金銭でないものについては，その具体的な内容

　取締役の報酬等の額の決定について，取締役会ではなく定款又は株主総会決議を要するのは，いわゆるお手盛りを防止するためとされています。

　一般的には，取締役の報酬等の額の決定については定款ではなく株主総会決議により行われています。

　なお，株主総会が決議した報酬総額の限度額を超えない限り，毎年の株主総会で報酬総額を決議することは必要ないこととされています。

　ところで，株主総会が取締役の報酬を取締役会に委任できるかについて，判例は株主総会の決議で取締役全員の報酬の総額を定め，その具体的な配分は取締役会の決定に委ねることができ，株主総会の決議で各取締役の報酬額を個別に定めることまでは必要ではない（最判昭60.3.26）とし，さらに，取締役会から代表取締役に委任することもできると解されています（最判昭31.10.5）。

　また，監査役の報酬等は，定款にその額を定めていないときは，株主総会の決議によって定めることとされ（会社法387①），監査役が二人以上ある場合において，各監査役の報酬等について定款の定め又は株主総会の決議がないときは，当該報酬等は，前項の報酬等の範囲内において，監査役の協議によって定めることとされています（会社法387②）。

　一般的には，株主総会の決議で取締役全員の報酬の総額を定め，その具体的な配分は株主総会から委任を受けた取締役会が決定していると思われます。

　法人税法施行令第69条第2項第1号に規定する株主総会，社員総会又はこれらに準ずるもの（株主総会等）のこれらに準ずるものには取締役会も含まれると考えられます。貴社の場合は定時株主総会で取締役の年間報酬総額を決定し，各取締役の定期同額給与については取締役会に一任し，さらに取締役会から代表取締役社長に一任しています。

　代表取締役社長は各取締役の定期同額給与をその日のうちに決定し，代表取

締役社長が決定した各取締役の定期同額給与をその日のうちに取締役会に報告し了承を得ていることからすると，各取締役の具体的な支給金額については貴社の取締役会決議により決定したものと同様なものと考えられます。

　したがって，貴社の定期同額給与の改定は株主総会等の決議によるものと考えられます。

第Ⅱ部　役員給与

事前確定届出給与関係

Q30　事前確定届出給与に関する届出書の届出期限

当社は，製造業を営む3月決算法人です。

当社は平成24年3月期の定時株主総会を平成24年5月25日に開催し取締役の報酬等の総額は定時株主総会で決議し，その総額の範囲内でその総会直後に開催された同日の取締役会において個々の取締役に対して支給する個別の具体的な支給額を決議しています。

その決議の中で，役員に対して定期同額給与のほかに事前確定届出給与を支給することとしましたが，当社は事前確定届出給与に関する届出書をいつまでに所轄税務署長に届け出ればよろしいですか。

ANSWER

貴社の事前確定届出給与に関する届出書の届出期限は，貴社の定時株主総会の決議日である平成24年5月25日から1月を経過する日の平成24年6月25日となるものと考えられます。

解説

1　事前確定届出給与

(1)　事前確定届出給与

内国法人がその役員に対して支給する給与のうち事前確定届出給与は，原則としてこれを支給するその内国法人の各事業年度の所得の金額の計算上，損金の額に算入されることとされています（法法34①二，②）。

事前確定届出給与とは，その役員の職務につき所定の時期に確定額を支給する旨の定めに基づいて支給する給与（定期同額給与及び利益連動給与（利益に関す

る指標を基礎として算定される給与をいいます。）を除くものとし，定期給与を支給しない役員に対して支給する給与（同族会社に該当しない内国法人が支給するものに限ります。）以外の給与にあっては政令で定めるところにより納税地の所轄税務署長にその定めの内容に関する届出（事前確定届出給与の届出）をしている場合における当該給与に限ります。）とされています（法法34①二，法令69②，法規22の3①）。

(2) 事前確定届出給与に関する届出書の届出期限

この事前確定届出給与に関する届出は，次に掲げる日までに，財務省令で定める事項を記載した書類をもってしなければならないこととされています（法法34①二，法令69②）。

① 株主総会，社員総会又はこれらに準ずるもの（以下「株主総会等」といいます。）の決議により役員の職務につき所定の時期に確定額を支給する旨の定めをした場合には，次のうちいずれか早い日が事前確定届出給与に関する届出書の届出期限となります。

イ 当該決議をした日（同日がその職務の執行を開始する日後である場合にあっては，当該開始する日）から1月を経過する日

ロ 当該事業年度開始の日の属する会計期間開始の日から4月を経過する日（保険会社にあっては，当該会計期間開始の日から5月を経過する日）

この「職務の執行を開始する日」とは，その役員がいつから就任するかなど個々の事情によるのであるが，例えば，定時株主総会において役員に選任されその日に就任した者及び定時株主総会の開催日に現に役員である者（同日に退任する者を除きます。）にあっては，当該定時株主総会の開催日とされています（法基通9－2－16）。

② 新たに設立した内国法人がその役員のその設立のときに開始する職務につき所定の時期に確定額を支給する旨の定めをした場合にはその設立の日以後2月を経過する日が事前確定届出給与に関する届出書の届出期限となります。

③ 臨時改定事由により当該臨時改定事由に係る役員の職務につき事前確

定届出給与に関する定めをした場合（当該役員の当該臨時改定事由が生ずる直前の職務につき事前確定届出給与の定めがあった場合を除きます。）は，次に掲げる日のうちいずれか遅い日が事前確定届出給与に関する届出書の届出期限となります。

イ　上記①に掲げる日（上記②に該当する場合は，②に掲げる日）

ロ　当該臨時改定事由が生じた日から１月を経過する日

なお，臨時改定事由とは，当該事業年度において当該内国法人の役員の職制上の地位の変更，その役員の職務の内容の重大な変更その他これらに類するやむを得ない事情をいいます（法令69①一ロ）。

(3) 事前確定届出給与に関する届出書の記載事項

また，事前確定届出給与に関する届出書には，次に掲げる事項を記載することとされています（法令69②，法規22の３①）。

① 事前確定届出給与の支給の対象となる者（事前確定届出給与対象者）の氏名及び役職名

② 事前確定届出給与の支給時期及び各支給時期における支給金額

③ 株主総会等の決議をした日及び当該決議をした機関等

④ 事前確定届出給与に係る職務の執行を開始する日（臨時改定事由が生じたことで事前確定届出給与を届け出る場合は，当該臨時改定事由の概要及び当該臨時改定事由が生じた日）

⑤ 事前確定届出給与につき定期同額給与による支給としない理由及び当該事前確定届出給与の支給時期を②の支給時期とした理由

⑥ 当該事業年度開始の日の属する会計期間において事前確定届出給与対象者に対して事前確定届出給与と事前確定届出給与以外の給与（法第34条第１項に規定する役員に対して支給する給与をいいます。）とを支給する場合における当該事前確定届出給与以外の給与の支給時期及び各支給時期における支給金額

⑦ その他参考となるべき事項

2 本事例の場合

上記1(2)のとおり，本事例の場合の事前確定届出給与に関する届出書の届出期限は，①貴社の定時株主総会の決議日である平成24年5月25日から1月を経過する日の平成24年6月25日と②当該事業年度開始の日の属する会計期間開始の日から4月を経過する日の平成24年7月31日のうちいずれか早い日である平成24年6月25日が事前確定届出給与に関する届出書の届出期限となるものと考えられます。

なお，①の定時株主総会の決議日である平成24年5月25日から1月を経過する日は，期間の初日が不算入のため翌日の平成24年5月26日を起算日とし暦に従って計算しますが，起算日が月の初めでないので翌月における起算日に応答する日（平成24年6月26日）の前日である平成24年6月25日となるものと考えられます。②当該事業年度開始の日の属する会計期間開始の日から4月を経過する日とは，開始日の4月1日が午前零時から始まることから，初日を起算日とするため4ケ月を経過する日は平成24年7月31日となるものと考えられます。

> (関係法令)
>
> **国税通則法**（期間の計算及び期限の特例）
>
> **第10条** 国税に関する法律において日，月又は年をもつて定める期間の計算は，次に定めるところによる。
>
> 一 <u>期間の初日は，算入しない</u>。ただし，<u>その期間が午前零時から始まるとき</u>，又は国税に関する法律に別段の定めがあるときは，<u>この限りでない</u>。
>
> 二 期間を定めるのに月又は年をもつてしたときは，暦に従う。
>
> 三 前号の場合において，月又は年の始めから期間を起算しないときは，その期間は，最後の月又は年においてその起算日に応当する日の前日に満了する。ただし，最後の月にその応当する日がないときは，その月の末日に満了する。

事前確定届出給与関係

Q31 決議日が職務執行開始の日後である場合の事前確定届出給与に関する届出書の届出期限

当社は，製造業を営む3月決算法人です。

当社は平成24年3月期の定時株主総会を平成24年5月25日に開催し取締役の報酬等の総額は定時株主総会で決議し，その総額の範囲内で平成24年5月28日の取締役会において個々の取締役に対して支給する個別の具体的な支給額を決議しています。

その決議の中で，役員に対して定期同額給与のほかに事前確定届出給与を支給することにしました。

この場合，当社のこの事前確定届出給与に関する届出書の届出期限は，取締役会において各取締役の個別の具体的な支給額を決議した日から1月を経過する日の平成24年6月28日となりますか。

なお，当社の役員は定時株主総会の開催日において現に役員であります。

A NSWER

貴社の事前確定届出給与に関する届出書の届出期限は，その職務執行の開始の日の平成24年5月25日から1月を経過する日の平成24年6月25日となるものと考えられます。

解説

1 事前確定届出給与

(1) 事前確定届出給与

内国法人がその役員に対して支給する給与のうち事前確定届出給与は，原則としてこれを支給するその内国法人の各事業年度の所得の金額の計算上，損金

第Ⅱ部　役員給与

の額に算入されることとされています（法法34①二，②）。

　事前確定届出給与とは，その役員の職務につき所定の時期に確定額を支給する旨の定めに基づいて支給する給与（定期同額給与及び利益連動給与（利益に関する指標を基礎として算定される給与をいいます。）を除くものとし，定期給与を支給しない役員に対して支給する給与（同族会社に該当しない内国法人が支給するものに限ります。）以外の給与にあっては政令で定めるところにより納税地の所轄税務署長にその定めの内容に関する届出（事前確定届出給与の届出）をしている場合における当該給与に限ります。）をいいます（法法34①二，法令69②，法規22の3①）。

(2) 事前確定届出給与に関する届出書の届出期限

　この事前確定届出給与に関する届出は，次に掲げる日までに，財務省令で定める事項を記載した書類をもってしなければならないこととされています（法法34①二，法令69②）。

① 　株主総会，社員総会又はこれらに準ずるもの（以下「株主総会等」といいます。）の決議により役員の職務につき所定の時期に確定額を支給する旨の定めをした場合には，次のうちいずれか早い日が事前確定届出給与に関する届出書の届出期限となります。

イ 　<u>当該決議をした日（同日がその職務の執行を開始する日後である場合にあっては，当該開始する日）</u>から1月を経過する日

ロ 　当該事業年度開始の日の属する会計期間開始の日から4月を経過する日（保険会社にあっては，当該会計期間開始の日から5月を経過する日）

　この「職務の執行を開始する日」とは，その役員がいつから就任するかなど個々の事情によるのであるが，例えば，定時株主総会において役員に選任されその日に就任した者及び定時株主総会の開催日に現に役員である者（同日に退任する者を除きます。）にあっては，当該定時株主総会の開催日とされています（法基通9-2-16）。

② 　新たに設立した内国法人がその役員のその設立のときに開始する職務につき所定の時期に確定額を支給する旨の定めをした場合にはその設立

の日以後2月を経過する日が事前確定届出給与に関する届出書の届出期限となります。

③　臨時改定事由により当該臨時改定事由に係る役員の職務につき事前確定届出給与に関する定めをした場合（当該役員の当該臨時改定事由が生ずる直前の職務につき事前確定届出給与の定めがあった場合を除きます。）は、次に掲げる日のうちいずれか遅い日が事前確定届出給与に関する届出書の届出期限となります。

イ　上記①に掲げる日（上記②に該当する場合は、②に掲げる日）
ロ　当該臨時改定事由が生じた日から1月を経過する日

　なお、臨時改定事由とは、当該事業年度において当該内国法人の役員の職制上の地位の変更、その役員の職務の内容の重大な変更その他これらに類するやむを得ない事情をいいます（法令69①一ロ）。

(3) 事前確定届出給与に関する届出書の記載事項

また、事前確定届出給与に関する届出書には、次に掲げる事項を記載することとされています（法令69②、法規22の3①）。

①　事前確定届出給与の支給の対象となる者（事前確定届出給与対象者）の氏名及び役職名
②　事前確定届出給与の支給時期及び各支給時期における支給金額
③　株主総会等の決議をした日及び当該決議をした機関等
④　事前確定届出給与に係る職務の執行を開始する日（臨時改定事由が生じたことで事前確定届出給与を届け出る場合は、当該臨時改定事由の概要及び当該臨時改定事由が生じた日）
⑤　事前確定届出給与につき定期同額給与による支給としない理由及び当該事前確定届出給与の支給時期を②の支給時期とした理由
⑥　当該事業年度開始の日の属する会計期間において事前確定届出給与対象者に対して事前確定届出給与と事前確定届出給与以外の給与（法第34条第1項に規定する役員に対して支給する給与をいいます。）とを支給する場

第Ⅱ部　役員給与

　　　合における当該事前確定届出給与以外の給与の支給時期及び各支給時期における支給金額
　⑦　その他参考となるべき事項

2　本事例の場合

　上記1(2)のとおり，貴社の事前確定届出給与に関する届出書の届出期限は，貴社が個々の役員に対する個別の具体的な賞与の支給額を取締役会で決議をした日が平成24年5月28日で，その職務の執行を開始する日が定時株主総会の開始日（平成24年5月25日）となることから，その職務の執行を開始する日である平成24年5月25日から1月を経過する日となる平成24年6月25日となるものと考えられます。

事前確定届出給与関係

Q32 支給金額に変更がなくても事前確定届出給与に関する届出書は毎年届出する必要があるか

当社は，製造業を営む3月決算法人です。

当社は平成24年3月期の定時株主総会を平成24年5月25日に開催し取締役の報酬等の総額は定時株主総会で決議し，その総額の範囲内でその総会直後に開催された同日の取締役会において個々の取締役に対して支給する個別の具体的な支給額を決議しています。

その決議の中で，役員に対して定期同額給与のほかに事前確定届出給与を支給することにしました。

当社は，この金額は前期に決議した金額と同額で前期に係る分については既に期限内に所轄税務署長に事前確定届出給与に関する届出書を届け出ていることから，事前確定届出給与に関する届出書を届出する必要はないと考えていますがそれでよろしいですか。

ANSWER

事前確定届出給与に関する届出書は，各事業年度ごとに届け出ることが必要となります。

解説

1 事前確定届出給与
(1) 事前確定届出給与

内国法人がその役員に対して支給する給与のうち事前確定届出給与は，原則としてこれを支給するその内国法人の各事業年度の所得の金額の計算上，損金の額に算入されることとされています（法法34①二，②）。

第Ⅱ部　役員給与

　事前確定届出給与とは、その役員の職務につき所定の時期に確定額を支給する旨の定めに基づいて支給する給与（定期同額給与及び利益連動給与（利益に関する指標を基礎として算定される給与をいいます。）を除くものとし、定期給与を支給しない役員に対して支給する給与（同族会社に該当しない内国法人が支給するものに限ります。）以外の給与にあっては政令で定めるところにより納税地の所轄税務署長にその定めの内容に関する届出（事前確定届出給与の届出）をしている場合における当該給与に限ります。）をいいます（法法34①二、法令69②、法規22の3①）。

(2) 事前確定届出給与に関する届出書の届出期限

　この事前確定届出給与に関する届出は、次に掲げる日までに、財務省令で定める事項を記載した書類をもってしなければならないこととされています（法法34①二、法令69②）。

①　株主総会、社員総会又はこれらに準ずるもの（以下「株主総会等」といいます。）の決議により役員の職務につき所定の時期に確定額を支給する旨の定めをした場合には、次のうちいずれか早い日が事前確定届出給与に関する届出書の届出期限となります。

イ　当該決議をした日（同日がその職務の執行を開始する日後である場合にあっては、当該開始する日）から1月を経過する日

ロ　当該事業年度開始の日の属する会計期間開始の日から4月を経過する日（保険会社にあっては、当該会計期間開始の日から5月を経過する日）

　この「職務の執行を開始する日」とは、その役員がいつから就任するかなど個々の事情によるのであるが、例えば、定時株主総会において役員に選任されその日に就任した者及び定時株主総会の開催日に現に役員である者（同日に退任する者を除きます。）にあっては、当該定時株主総会の開催日とされています（法基通9-2-16）。

②　新たに設立した内国法人がその役員のその設立のときに開始する職務につき所定の時期に確定額を支給する旨の定めをした場合にはその設立の日以後2月を経過する日が事前確定届出給与に関する届出書の届出期

限となります。
③ 臨時改定事由により当該臨時改定事由に係る役員の職務につき事前確定届出給与に関する定めをした場合（当該役員の当該臨時改定事由が生ずる直前の職務につき事前確定届出給与の定めがあった場合を除きます。）は、次に掲げる日のうちいずれか遅い日が事前確定届出給与に関する届出書の届出期限となります。
　イ　上記①に掲げる日（上記②に該当する場合は、②に掲げる日）
　ロ　当該臨時改定事由が生じた日から１月を経過する日
　　なお、臨時改定事由とは、当該事業年度において当該内国法人の役員の職制上の地位の変更、その役員の職務の内容の重大な変更その他これらに類するやむを得ない事情をいいます（法令69①一ロ）。

(3) 事前確定届出給与に関する届出書の記載事項

また、事前確定届出給与に関する届出書には、次に掲げる事項を記載することとされています（法令69②、法規22の3①）。
① 事前確定届出給与の支給の対象となる者（事前確定届出給与対象者）の氏名及び役職名
② 事前確定届出給与の支給時期及び各支給時期における支給金額
③ 株主総会等の決議をした日及び当該決議をした機関等
④ 事前確定届出給与に係る職務の執行を開始する日（臨時改定事由が生じたことで事前確定届出給与を届け出る場合は、当該臨時改定事由の概要及び当該臨時改定事由が生じた日）
⑤ 事前確定届出給与につき定期同額給与による支給としない理由及び当該事前確定届出給与の支給時期を②の支給時期とした理由
⑥ 当該事業年度開始の日の属する会計期間において事前確定届出給与対象者に対して事前確定届出給与と事前確定届出給与以外の給与（法第34条第1項に規定する役員に対して支給する給与をいいます。）とを支給する場合における当該事前確定届出給与以外の給与の支給時期及び各支給時期

第Ⅱ部　役員給与

　　　における支給金額
　　⑦　その他参考となるべき事項

2　本事例の場合

　上記1⑶のとおり，事前確定届出給与に関する届出書には，当該事業年度の開始の日の属する会計期間における事前確定届出給与対象者に対する役員給与の支給状況等を記載することから，各事業年度ごとに当該届出書を届け出ることが必要となります。

事前確定届出給与関係

Q33 臨時改定事由により事前確定届出給与を変更する場合

　当社は、製造業を営む3月決算法人です。

　当社は平成24年3月期の定時株主総会を平成24年5月25日に開催し取締役の報酬等の総額は定時株主総会で決議し、その総額の範囲内でその総会直後に開催された同日の取締役会において個々の取締役に対して支給する個別の具体的な支給額を決議しています。

　その決議の中で、役員に対して支給する定期同額給与のほかに下記の事前確定届出給与を支給することとし、当社は期限内に事前確定届出給与に関する届出書を所轄税務署長に届け出ました。

(事前確定届出給与に関する事項)

事前確定届出給与対象者	支給時期	支給金額
代表取締役甲	平成24年12月20日	300万円
専務取締役乙	平成24年12月20日	200万円

　その後、代表取締役甲が病気のため非常勤の取締役に、専務取締役乙が代表取締役に就任することに平成24年9月25日の臨時株主総会において決議し、その直後開催された同日の取締役会で、甲の定期給与と事前確定届出給与の減額及び乙の定期給与と事前確定届出給与を増額する旨の決議をしました。

(改定後)

事前確定届出給与対象者	支給時期	支給金額
代表取締役乙	平成24年12月20日	300万円
取締役甲	平成24年12月20日	50万円

第Ⅱ部　役員給与

> 当社としては，臨時改定事由である役員の職制上の地位の変更があったことから，事前確定届出給与に関する変更届出書を提出しようと考えていますが，いつまでに行えばよろしいですか。

ANSWER

貴社の事前確定届出給与に関する変更届出書の届出期限は臨時改定事由が生じた日（平成24年9月25日）から1月を経過する日となるものと考えられます。

解説

1　事前確定届出給与

(1)　事前確定届出給与

内国法人がその役員に対して支給する給与のうち事前確定届出給与は，原則としてこれを支給するその内国法人の各事業年度の所得の金額の計算上，損金の額に算入されることとされています（法法34①二，②）。

事前確定届出給与とは，その役員の職務につき所定の時期に確定額を支給する旨の定めに基づいて支給する給与（定期同額給与及び利益連動給与（利益に関する指標を基礎として算定される給与をいいます。）を除くものとし，定期給与を支給しない役員に対して支給する給与（同族会社に該当しない内国法人が支給するものに限ります。）以外の給与にあっては政令で定めるところにより納税地の所轄税務署長にその定めの内容に関する届出（事前確定届出給与の届出）をしている場合における当該給与に限ります。）をいいます（法法34①二，法令69②，法規22の3①）。

(2)　事前確定届出給与に関する届出書の届出期限

事前確定届出給与に関する届出は，次に掲げる日までに，財務省令で定める事項を記載した書類をもってしなければならないこととされています（法法34①二，法令69②）。

　①　株主総会，社員総会又はこれらに準ずるもの（以下「株主総会等」とい

います。）の決議により役員の職務につき所定の時期に確定額を支給する旨の定めをした場合には、次のうちいずれか早い日が事前確定届出給与に関する届出書の届出期限となります。

イ　当該決議をした日（同日がその職務の執行を開始する日後である場合にあっては、当該開始する日）から1月を経過する日

ロ　当該事業年度開始の日の属する会計期間開始の日から4月を経過する日（保険会社にあっては、当該会計期間開始の日から5月を経過する日）

　この「職務の執行を開始する日」とは、その役員がいつから就任するかなど個々の事情によるのであるが、例えば、定時株主総会において役員に選任されその日に就任した者及び定時株主総会の開催日に現に役員である者（同日に退任する者を除きます。）にあっては、当該定時株主総会の開催日とされています（法基通9－2－16）。

② 　新たに設立した内国法人がその役員のその設立のときに開始する職務につき所定の時期に確定額を支給する旨の定めをした場合にはその設立の日以後2月を経過する日が事前確定届出給与に関する届出書の届出期限となります。

③ 　臨時改定事由により当該臨時改定事由に係る役員の職務につき事前確定届出給与に関する定めをした場合（当該役員の当該臨時改定事由が生ずる直前の職務につき事前確定届出給与の定めがあった場合を除きます。）は、次に掲げる日のうちいずれか遅い日が事前確定届出給与に関する届出書の届出期限となります。

イ　上記①に掲げる日（上記②に該当する場合は、②に掲げる日）

ロ　当該臨時改定事由が生じた日から1月を経過する日

　なお、臨時改定事由とは、当該事業年度において当該内国法人の役員の職制上の地位の変更、その役員の職務の内容の重大な変更その他これらに類するやむを得ない事情をいいます（法令69－①ロ）。

(3) 事前確定届出給与に関する変更届出書の届出期限

事前確定届出給与に規定する定めに基づいて支給する給与につき既に届出（以下「直前届出」といいます。）をしている内国法人が当該直前届出に係る定めの内容を変更する場合において、その変更が次の区分に掲げる事由に基因するものであるときは、次に掲げる事由の区分に応じ次に定める日までに、財務省令で定める事項を記載した書類をもってしなければならないこととされています（法令69③、法規22の3②）。

(1) 臨時改定事由　当該臨時改定事由が生じた日から1月を経過する日
(2) 業績悪化改定事由

　　当該業績悪化改定事由によりその定めの内容の変更に関する株主総会等の決議をした日から1月を経過する日

　　ただし、当該変更前の当該直前届出に係る定めに基づく給与の支給の日（当該決議をした日後最初に到来するものに限ります。）が当該1月を経過する日前にある場合には、当該支給の日の前日

この臨時改定事由とは、当該事業年度において当該内国法人の役員の職制上の地位の変更、その役員の職務の内容の重大な変更その他これらに類するやむを得ない事情をいいます（法令69①一ロ）。

本事例の場合は、代表取締役甲が病気のため非常勤の取締役に、専務取締役乙が代表取締役に就任することから、役員の職制上の地位の変更に伴う臨時改定事由による改定に該当するものと考えられます。

(4) 事前確定届出給与に関する変更届出書の記載事項

事前確定届出給与について、変更の届出をする場合には次の事項を記載した書類を届け出ることになります（法規22の3②）。

① その氏名及び役職名（当該事由に基因してその役職が変更された場合には、当該変更後の役職名）

② 当該変更後の当該給与の支給時期及び各支給時期における支給金額

③　次に掲げる場合の区分に応じそれぞれ次に定める事項

イ　当該変更が臨時改定事由に基因するものである場合
　　当該臨時改定事由の概要及び当該臨時改定事由が生じた日

ロ　当該変更が業績悪化改定事由に基因するものである場合
　　決議をした日及び直前届出に係る給与の支給の日

④　当該変更を行った機関等

⑤　当該変更前の当該給与の支給時期が当該変更後の当該給与の支給時期と異なる場合には，当該変更後の当該給与の支給時期を②の支給時期とした理由

⑥　当該直前届出に係る届出書の提出をした日

⑦　その他参考となるべき事項

2　本事例の場合

　上記1(3)のとおり，貴社の事前確定届出給与に関する変更届出書の届出期限は臨時改定事由が生じた日（平成24年9月25日）から1月を経過する日となるものと考えられます。

第Ⅱ部　役員給与

事前確定届出給与関係

Q34　同族会社が非常勤役員に対する給与を半年ごとに支給する場合

> 当社は卸売業を営む3月決算法人の同族会社です。当社には，非常勤監査役甲がいます。
>
> 非常勤監査役甲に対する給与について半年ごとに月額報酬15万円の6ケ月相当額90万円をそれぞれ支給することにしました。
>
> 当社が非常勤監査役甲に対して支給する給与について，社内ではその支給額が各月ごとの一定の金額を基礎として算定されていることから定期同額給与に該当するという意見と損金の額に算入するためには事前確定届出給与としての届出が必要との意見がありますが，この点どのように考えることになりますか。

ANSWER

　貴社が非常勤監査役甲に支給する給与は定期同額給与に該当しません。

　なお，貴社は同族会社ですから，事前確定届出給与に関する届出書を期限内に所轄税務署長に届出をすれば，事前確定届出給与として取り扱われるものと考えられます。

解説

1　定期同額給与

　平成18年度税制改正前の法人税法において，役員に対する臨時的な給与のうち，ほかに定期の給与を受けていない者に対して継続して毎年所定の時期に定額を支給する旨の定めに基づき支給されるものは，役員報酬として取り扱われていました（旧法法35④，旧法基通9－2－14）。

しかしながら，平成18年度税制改正において，損金の額に算入される定期同額給与とは次の給与をいうこととなりました。
　定期同額給与とはその支給時期が1月以下の一定の期間ごとである給与（以下「定期給与」といいます。）で当該事業年度の各支給時期における支給額が同額であるものその他これに準ずるものとして政令で定める給与をいいます。
　この「その支給時期が1月以下の一定の期間ごと」である給与とは，あらかじめ定められた支給基準（慣習によるものを含みます。）に基づいて，毎日，毎週，毎月のように月以下の期間を単位として規則的に反復又は継続して支給されるものをいうのであるから，例えば，非常勤役員に対し年俸又は事業年度の期間俸を年1回又は年2回所定の時期に支給するようなものは，たとえその支給額が各月ごとの一定の金額を基礎として算定されているものであっても，同号に規定する定期同額給与には該当しないこととされています（法基通9－2－12）。
　したがって，貴社が非常勤監査役甲に支給する給与は定期同額給与に該当しないことになります。

2　事前確定届出給与

　内国法人がその役員に対して支給する給与のうち事前確定届出給与は，原則としてこれを支給するその内国法人の各事業年度の所得の金額の計算上，損金の額に算入されることとされています（法法34①二，②）。
　事前確定届出給与とは，その役員の職務につき所定の時期に確定額を支給する旨の定めに基づいて支給する給与（定期同額給与及び利益連動給与（利益に関する指標を基礎として算定される給与をいいます。）を除くものとし，<u>定期給与を支給しない役員に対して支給する給与（同族会社に該当しない内国法人が支給するものに限ります。）以外の給与にあっては政令で定めるところにより納税地の所轄税務署長にその定めの内容に関する届出（事前確定届出給与の届出）をしている場合における当該給与に限ります。</u>）をいいます（法法34①二，法令69②，法規22の3①）。
　したがって，同族会社が定期給与を支給しない役員に対して支給する給与については，事前確定届出給与の届出は必要となりますが，同族会社に該当しな

い内国法人が定期給与を支給しない役員に対して支給する給与については，事前確定届出給与の届出は必要ないことになります。

　同族会社とは，会社の株主等（その会社が自己の株式又は出資を有する場合のその会社を除きます。）の3人以下並びにこれらと政令で定める特殊の関係のある個人及び法人がその会社の発行済株式又は出資（その会社が有する自己の株式又は出資を除きます。）の総数又は総額の100分の50を超える数又は金額の株式又は出資を有する場合その他政令で定める場合におけるその会社をいうこととされています（法法2十）。

　法人税法上は会社の定義について特に規定されたものはありませんが，会社法によれば，会社とは株式会社，合名会社，合資会社又は合同会社をいうこととされています（会社法2一）。

　また，有限会社は株式会社に含まれています。

　なお，非常勤役員に対し所定の時期に確定額を支給する旨の定めに基づいて支給する年俸又は期間俸等の給与のうち，次に掲げるものは，法第34条第1項第2号《事前確定届出給与》に規定する給与に該当することとされています（法基通9－2－12（注））。

(1)　同族会社に該当しない法人が支給する給与

(2)　同族会社が支給する給与で令第69条第2項《事前確定届出給与の届出》に定めるところに従って納税地の所轄税務署長に届出をしているもの

　また，内国法人が同族会社に該当するかどうかの判定は，当該内国法人が定期給与を支給しない役員の職務につき事前確定届出の定めをした日（内国法人が設立のときに開始する職務についてした定めにあっては，設立の日）の現況によることとされています（法令69④）。

3　本事例の場合

　上記1及び2のとおり，貴社が非常勤監査役甲に支給する給与は定期同額給与に該当しません。

　貴社は同族会社ですから，事前確定届出給与に関する届出書を期限内に所轄

税務署長に届出をすれば，事前確定届出給与として取り扱われるものと考えられます。

第Ⅱ部　役員給与

事前確定届出給与関係

Q35 非同族会社が非常勤役員に対する給与を半年ごとに支給する場合

当社は卸売業を営む3月決算法人の非同族会社です。

当社には，非常勤監査役甲がいます。

当社は非常勤監査役甲に対する給与について半年ごとに月額報酬15万円の6ケ月相当額90万円をそれぞれ支給することにしました。

当社が非常勤監査役甲に対して支給する給与について，社内ではその支給額が各月ごとの一定の金額を基礎として算定されていることから定期同額給与に該当するという意見と損金の額に算入するためには事前確定届出給与としての届出が必要との意見がありますが，この点どのように考えることになりますか。

ANSWER

貴社が非常勤監査役甲に支給する給与は定期同額給与に該当しません。

貴社は同族会社でないことから，事前確定届出給与に関する届出書を届出をしていなくても，事前確定届出給与として取り扱われるものと考えられます。

解説

1　定期同額給与

平成18年度税制改正前の法人税法において，役員に対する臨時的な給与のうち，ほかに定期の給与を受けていない者に対して継続して毎年所定の時期に定額を支給する旨の定めに基づき支給されるものは，役員報酬として取り扱われていました（旧法法35④，旧法基通9－2－14）。

しかしながら，平成18年度税制改正において，損金の額に算入される定期

同額給与とは次の給与をいうこととなりました。

定期同額給与とはその支給時期が1月以下の一定の期間ごとである給与（以下「定期給与」といいます。）で当該事業年度の各支給時期における支給額が同額であるものその他これに準ずるものとして政令で定める給与をいいます。

この「その支給時期が1月以下の一定の期間ごと」である給与とは，あらかじめ定められた支給基準（慣習によるものを含みます。）に基づいて，毎日，毎週，毎月のように月以下の期間を単位として規則的に反復又は継続して支給されるものをいうのであるから，例えば，非常勤役員に対し年俸又は事業年度の期間俸を年1回又は年2回所定の時期に支給するようなものは，たとえその支給額が各月ごとの一定の金額を基礎として算定されているものであっても，同号に規定する定期同額給与には該当しないこととされています（法基通9－2－12）。

したがって，貴社が非常勤監査役甲に支給する給与は定期同額給与に該当しないことになります。

2　事前確定届出給与

内国法人がその役員に対して支給する給与のうち事前確定届出給与は，原則としてこれを支給するその内国法人の各事業年度の所得の金額の計算上，損金の額に算入されることとされています（法法34①二，②）。

事前確定届出給与とは，その役員の職務につき所定の時期に確定額を支給する旨の定めに基づいて支給する給与（定期同額給与及び利益連動給与（利益に関する指標を基礎として算定される給与をいいます。）を除くものとし，<u>定期給与を支給しない役員に対して支給する給与（同族会社に該当しない内国法人が支給するものに限ります。）以外の給与にあっては政令で定めるところにより納税地の所轄税務署長にその定めの内容に関する届出（事前確定届出給与の届出）をしている場合における当該給与に限ります。</u>）をいいます（法法34①二，法令69②，法規22の3①）。

したがって，同族会社が定期給与を支給しない役員に対して支給する給与については，事前確定届出給与の届出は必要となりますが，同族会社に該当しない内国法人が定期給与を支給しない役員に対して支給する給与については，事

第Ⅱ部 役員給与

前確定届出給与の届出は必要ないことになります。

同族会社とは，会社の株主等（その会社が自己の株式又は出資を有する場合のその会社を除きます。）の3人以下並びにこれらと政令で定める特殊の関係のある個人及び法人がその会社の発行済株式又は出資（その会社が有する自己の株式又は出資を除きます。）の総数又は総額の100分の50を超える数又は金額の株式又は出資を有する場合その他政令で定める場合におけるその会社をいうこととされています（法法2十）。

法人税法上は会社の定義について特に規定されたものはありませんが，会社法によれば，会社とは株式会社，合名会社，合資会社又は合同会社をいうこととされています（会社法2一）。

有限会社は株式会社に含まれています。

なお，非常勤役員に対し所定の時期に確定額を支給する旨の定めに基づいて支給する年俸又は期間俸等の給与のうち，次に掲げるものは，法第34条第1項第2号《事前確定届出給与》に規定する給与に該当することとされています（法基通9－2－12（注））。

(1) 同族会社に該当しない法人が支給する給与
(2) 同族会社が支給する給与で令第69条第2項《事前確定届出給与の届出》に定めるところに従って納税地の所轄税務署長に届出をしているもの

また，内国法人が同族会社に該当するかどうかの判定は，当該内国法人が定期給与を支給しない役員の職務につき事前確定届出の定めをした日（内国法人が設立のときに開始する職務についてした定めにあっては，設立の日）の現況によることとされています（法令69④）。

3 本事例の場合

上記1および2のとおり，貴社が非常勤監査役甲に支給する給与は定期同額給与に該当しません。

貴社は同族会社でないことから，事前確定届出給与に関する届出書を届け出ていなくても，事前確定届出給与として取り扱われるものと考えられます。

事前確定届出給与関係

Q36 使用人の賞与と同じ時期とした事前確定届出給与

　当社は，製造業を営む3月決算法人です。

　当社は平成24年3月期の定時株主総会を平成24年5月25日に開催し取締役の報酬等の総額は定時株主総会で決議し，その総額の範囲内でその総会直後に開催された同日の取締役会において個々の取締役に対して支給する個別の具体的な支給額を決議しています。

　その決議の中で，役員に対して定期同額給与のほかに下記の事前確定届出給与を支給することにしました。

（事前確定届出給与に関する事項）

事前確定届出給与対象者	支給時期	支給金額
代表取締役甲	平成24年 7月10日	200万円
	平成24年12月14日	200万円
専務取締役乙	平成24年 7月10日	150万円
	平成24年12月14日	150万円
常務取締役丙	平成24年 7月10日	150万円
	平成24年12月14日	150万円

　当社はこの事前確定届出給与に関する届出書を期限内に所轄税務署長に届出し支給しました。社内では役員は委任による報酬なのであり，委任の報酬は後払いが原則なので特に平成24年7月10日の分は問題があるのではないかとの意見がでていますがこの点をどのように考えたらよいですか。

　なお，役員への事前確定届出給与の支給時期は，使用人の盆暮れの賞与と同じ時期としており，毎期継続しております。

第Ⅱ部　役員給与

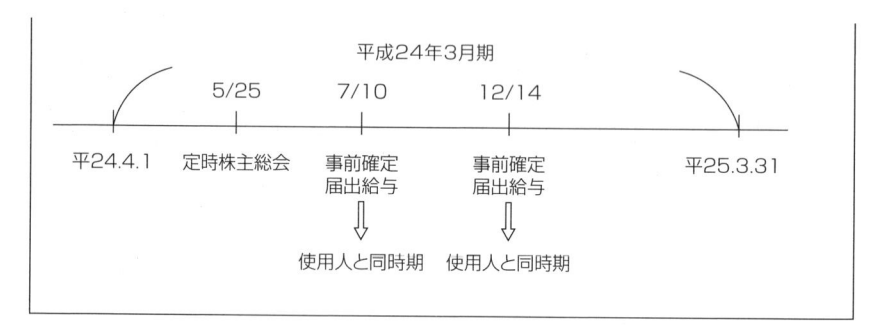

```
            平成24年3月期
        5/25   7/10    12/14
━━━━┯━━━━┯━━━━┯━━━━━━━━━┯━━
平24.4.1  定時株主総会  事前確定  事前確定        平25.3.31
                      届出給与  届出給与
                        ↓       ↓
                    使用人と同時期 使用人と同時期
```

ANSWER

　貴社が支給する平成24年7月10日分及び平成24年12月14日分の役員給与は、事前確定届出給与として損金の額に算入されるものと考えられます。

解説

1　事前確定届出給与

　内国法人がその役員に対して支給する給与のうち事前確定届出給与は、原則としてこれを支給するその内国法人の各事業年度の所得の金額の計算上、損金の額に算入されることとされています（法法34①二、②）。

　事前確定届出給与とは、その役員の職務につき所定の時期に確定額を支給する旨の定めに基づいて支給する給与（定期同額給与及び利益連動給与（利益に関する指標を基礎として算定される給与をいいます。）を除くものとし、定期給与を支給しない役員に対して支給する給与（同族会社に該当しない内国法人が支給するものに限ります。）以外の給与にあっては政令で定めるところにより納税地の所轄税務署長にその定めの内容に関する届出（事前確定届出給与の届出）をしている場合における当該給与に限ります。）をいいます（法法34①二、法令69②、法規22の3①）。

　ところで、給与に係る役員の職務執行期間は一般的には定時株主総会から次の定時株主総会までの1年間であると解されるところ、貴社が平成24年7月10日に支給する給与も平成24年12月14日に支給する給与も翌年の定時株主総会までの1年間の職務執行の対価の一部となるものであること、また、株式

会社と役員との関係は，委任に関する規定に従うこととされ（会社法330），民法上委任の報酬を請求できる場合は後払い（民法624）が原則とされていることを考えると，本事例のような支給形態を採ることについて，税務上問題があるのではないかとも考えられます。

しかしながら，使用人への賞与が盆暮れの時期に支給されているのが一般的な企業慣行であり，役員に対して同時期に賞与を支給することは不自然なことではないとも考えられます。

本事例の場合，法人が，役員への賞与の支給時期を使用人への盆暮れの賞与と同じ時期とし，かつ，毎期継続して同時期に賞与の支給を行っているときに，事前確定届出給与の一定の要件を満たしていれば，これを事前確定届出給与として当該事業年度の損金の額に算入することとして差し支えないものと考えられます。

2　本事例の場合

上記 1 のとおり，貴社が支給する平成24年7月10日分及び平成24年12月14日分の役員給与は，事前確定届出給与として損金の額に算入されるものと考えられます。

第Ⅱ部　役員給与

事前確定届出給与関係

Q37 決算賞与（役員賞与引当金として計上）は事前確定届出給与となるか

当社は，卸売業を営む12月決算法人です。

当社は平成24年12月期において，役員に対する決算賞与の見込額として800万円の下記の役員賞与引当金を計上し平成25年2月25日に開催される定時株主総会において決議し平成25年5月15日に支給する予定です。

《平成24年12月期の会計処理》

　　（借方）役員賞与引当金繰入額　8,000,000

　　　　　　　　　　（貸方）役員賞与引当金　8,000,000

なお，当社は平成24年12月期において，役員賞与引当金8,000,000円については申告調整で加算（留保処理）します。この場合において，当社が当該金額について事前確定届出給与として決議し事前確定届出給与に関する届出書を所定の期限までに所轄税務署長に提出すれば，支給時の平成25年12月期における事前確定届出給与として損金の額に算入されますか。

なお，当社は支給時の平成25年12月期において下記の会計処理を行う予定です。

《平成25年12月期》

　　（借方）役員賞与引当金　8,000,000

　　　　　　　　　　（貸方）役員賞与引当金取崩額　8,000,000

　　（借方）役員賞与　8,000,000

　　　　　　　　　　（貸方）現預金　8,000,000

　　（注）源泉税の処理については省略しています。

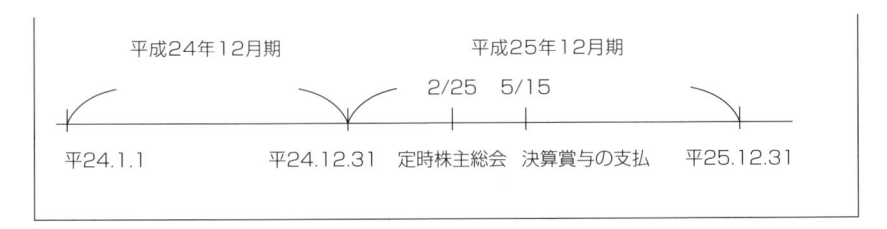

```
        平成24年12月期              平成25年12月期
                              2/25    5/15
    ├──────────────────┼──────┼─────┼───────────────┤
   平24.1.1          平24.12.31  定時株主総会  決算賞与の支払    平25.12.31
```

ANSWER

　貴社は800万円について決算賞与として株主総会の決議を受けていますので，事前確定届出給与として損金の額に算入されないものと考えられます。

　なお，平成25年12月期において，貴社は別表四で加算「役員給与損金不算入」8,000,000円（流出処理）及び減算「役員賞与引当金取崩認容」8,000,000円（留保）の処理を行うことになります。

　それに伴い別表五（一）の役員賞与引当金8,000,000円の減算処理を行うことになります。

解説

1　事前確定届出給与

　内国法人がその役員に対して支給する給与のうち事前確定届出給与は，原則としてこれを支給するその内国法人の各事業年度の所得の計算上，損金の額に算入されることとされています（法法34①二，②）。

　事前確定届出給与とは，その役員の職務につき所定の時期に確定額を支給する旨の定めに基づいて支給する給与（定期同額給与及び利益連動給与（利益に関する指標を基礎として算定される給与をいいます。）を除くものとし，定期給与を支給しない役員に対して支給する給与（同族会社に該当しない内国法人が支給するものに限ります。）以外の給与にあっては政令で定めるところにより納税地の所轄税務署長にその定めの内容に関する届出（事前確定届出給与の届出）をしている場合における当該給与に限ります。）をいいます（法法34①二，法令69②，法規22の3①）。

　国税庁から公表された平成19年3月13日付課法2-3ほか1課共同「法人

第Ⅱ部　役員給与

税基本通達等の一部改正について」（法令解釈通達）の法基通9－2－14の趣旨説明の解説によれば「事前確定届出給与として当該事業年度の損金の額に算入される給与は，所定の時期に確定額を支給する旨の定めに基づいて支給するもの，すなわち，支給時期，支給金額が事前に確定し，実際にもその定めのとおりに支給される給与に限られるのである。」との考え方が示されています。

2　役員賞与引当金

取締役の報酬，賞与その他の職務執行の対価として株式会社から受ける財産上の利益（以下「報酬等」という。）についての次に掲げる事項は，定款に当該事項を定めていないときは，株主総会の決議によって定めることとされています（会社法361①）。

(1)　報酬等のうち額が確定しているものについては，その額
(2)　報酬等のうち額が確定していないものについては，その具体的な算定方法
(3)　報酬等のうち金銭でないものについては，その具体的な内容

これにより，取締役の報酬，賞与はいずれも職務執行の対価として株式会社から受ける財産上の利益とされました。

また，「役員賞与に関する会計基準」（平成17年11月29日企業会計基準委員会）によれば，「役員賞与は，発生した会計期間の費用として処理する」こととされました（同基準3）。

それは「役員報酬は，確定報酬として支給される場合と業績連動型報酬として支給される場合があるが，職務執行の対価として支給されることにかわりはなく，会計上は，いずれも費用として処理される。役員賞与は，経済的実態としては費用として処理される業績連動型報酬と同様の性格であると考えられるため費用として処理することが適当である。」（同基準12(1)）ことや「役員賞与と役員報酬は職務執行の対価として支給されるが，職務執行の対価としての性格は，本来，支給手続の相違により影響を受けるものではないと考えられるため，その性格に従い，費用として処理することが適当である」（同基準12(2)）

とし,「会社法では,役員賞与と役員報酬の支給手続は同じ条文で示されており,同一の手続により支給されることになる。」ことによるものとされています。

また,同基準13によれば,「当事業年度の職務に係る役員賞与を期末後に開催される株主総会の決議事項とする場合には,当該支給は株主総会の決議が前提となるので,当該決議事項とする額又はその見込額（当事業年度の職務に係る額に限るものとする。）を,原則として,引当金に計上する」とされています。

したがって,定時株主総会で決算賞与として決議した賞与は,既に終了した職務に係るものであることから,支給時期,支給金額があらかじめ定められている事前確定届出給与とは異なることになります。

3　本事例の場合

貴社は800万円について決算賞与として株主総会の決議を受けていますので,事前確定届出給与として損金の額に算入されないものと考えられます。

4　申告調整
《平成24年12月期》
【会社経理】
　　（借）役員賞与引当金繰入額　8,000,000　　　（貸）役員賞与引当金　8,000,000
【申告調整】
貴社は800万円について役員賞与引当金に計上していますが,申告調整で「役員賞与繰入額否認」8,000,000円として加算（留保）処理を行います。

第Ⅱ部　役員給与

【申告調整】

所得の金額の計算に関する明細書（簡易様式）　別表四（簡易様式）

事業年度　24・1・1　～　24・12・31　　法人名　○○社

区　分		総　額 ①	処　分	
			留　保 ②	社外流出 ③
当期利益又は当期欠損の額	1	円	円	配当　　　円
				その他
加算	損金の額に算入した法人税（附帯税を除く。）	2			
	損金の額に算入した道府県民税（利子割額を除く。）及び市町村民税	3			
	損金の額に算入した道府県民税利子割額	4			
	損金の額に算入した納税充当金	5			
	損金の額に算入した附帯税（利子税を除く。）、加算金、延滞金（延納分を除く。）及び過怠税	6			その他
	減価償却の償却超過額	7			
	役員給与の損金不算入額	8			その他
	交際費等の損金不算入額	9			その他
	役員賞与引当金繰入否認	10	8,000,000	8,000,000	
		11			
		12			
	小　計	13			

利益積立金額及び資本金等の額の計算に関する明細書　別表五(一)

事業年度　24・1・1　～　24・12・31　　法人名　○○社

Ⅰ　利益積立金額の計算に関する明細書

区　分		期首現在利益積立金額 ①	当　期　の　増　減		差引翌期首現在利益積立金額 ①－②＋③ ④
			減 ②	増 ③	
利益準備金	1	円	円	円	円
積立金	2				
役員賞与引当金	3			8,000,000	8,000,000
	4				
	5				
	6				
	7				
	8				
	9				
	10				

《平成25年12月期》

【会社経理】

（借）役員賞与引当金　8,000,000　　（貸）役員賞与引当金取崩額　8,000,000

　　　役員賞与　　　　8,000,000　　　　　現預金　　　　　　　　8,000,000

（注）源泉税の処理は省略しています。

【申告調整】

別表四で加算「役員給与損金不算入」8,000,000円（流出処理）及び減算「役員賞与引当金取崩認容」8,000,000円（留保処理）を行うことになります。

それに伴い別表五（一）で役員賞与引当金8,000,000円の減算処理を行うことになります。

所得の金額の計算に関する明細書（簡易様式）　　事業年度 25・1・1 / 25・12・31　法人名 ○○社　　別表四（簡易様式）

区　分		総　額 ①	処　分	
			留　保 ②	社　外　流　出 ③
当期利益又は当期欠損の額	1	円	円	配　当 　円
				その他
加	損金の額に算入した法人税（附帯税を除く。）	2			
	損金の額に算入した道府県民税（利子割額を除く。）及び市町村民税	3			
	損金の額に算入した道府県民税利子割額	4			
	損金の額に算入した納税充当金	5			
	損金の額に算入した附帯税（利子税を除く。）、加算金、延滞金（延納分を除く。）及び過怠税	6			その他
	減価償却の償却超過額	7			
	役員給与の損金不算入額	8	8,000,000		その他　8,000,000
	交際費等の損金不算入額	9			その他
		10			
算		11			
		12			
	小　計	13			

175

第Ⅱ部　役員給与

減算	減価償却超過額の当期認容額	14			
	納税充当金から支出した事業税等の金額	15			
	受取配当等の益金不算入額（別表八(一)「14」又は「29」）	16			※
	外国子会社から受ける剰余金の配当等の益金不算入額（別表八(二)「13」）	17			※
	受贈益の益金不算入額	18			※
	適格現物分配に係る益金不算入額	19			※
	法人税等の中間納付額及び過誤納に係る還付金額	20			
	所得税額等及び欠損金の繰戻しによる還付金額等	21			※
	役員賞与引当金取崩認容	22	8,000,000	8,000,000	
		23			
		24			
	小　計	25			外　※

利益積立金額及び資本金等の額の計算に関する明細書

事業年度　25・1・1　～　25・12・31　　法人名　○○社　　別表五(一)

Ⅰ　利益積立金額の計算に関する明細書

区　分		期首現在利益積立金額 ①	当期の増減 減 ②	当期の増減 増 ③	差引翌期首現在利益積立金額 ①-②+③ ④
利益準備金	1	円	円	円	円
積立金	2				
役員賞与引当金	3	8,000,000	8,000,000		
	4				
	5				
	6				
	7				
	8				
	9				
	10				

事前確定届出給与関係

Q38 事前確定届出給与を未払計上した場合

　当社は，卸売業を営む12月決算法人です。

　当社は平成23年12月期の定時株主総会を平成24年2月24日に開催し取締役の報酬等の総額は定時株主総会で決議し，その総額の範囲内でその直後に開催された同日の取締役会において個々の取締役に対して支給する個別の具体的な支給額を決議しています。

　その決議の中で，役員に対して定期同額給与のほかに下記の事前確定届出給与を支給することとし，当社は期限内に所轄税務署長に事前確定届出給与に関する届出書を届け出ました。

（事前確定届出給与に関する事項）

事前確定届出給与対象者	支給時期	支給金額
代表取締役甲	平成24年 6月15日	200万円
	平成24年12月20日	200万円
専務取締役乙	平成24年 6月15日	150万円
	平成24年12月20日	150万円
常務取締役丁	平成24年 6月15日	150万円
	平成24年12月20日	150万円

　当社は平成24年6月15日分については事前確定届出給与に関する定めにしたがい全額支給しましたが，平成24年12月20日分については，大口取引先の倒産により売掛金の回収ができないことから資金繰りが悪化したため，半分の250万円だけ支給し残額の250万円は未払計上しました。

　なお，源泉税は確定している支給総額に対する税額を今回の支払額に按分して計算しています。

第Ⅱ部　役員給与

　また，当社はその未払金額について資金繰りがついた翌期の平成25年1月15日に全額支払いました。

　この事前確定届出給与については，事前確定届出書に記載した支給時期と支給金額が異なることから，損金不算入となりますか。

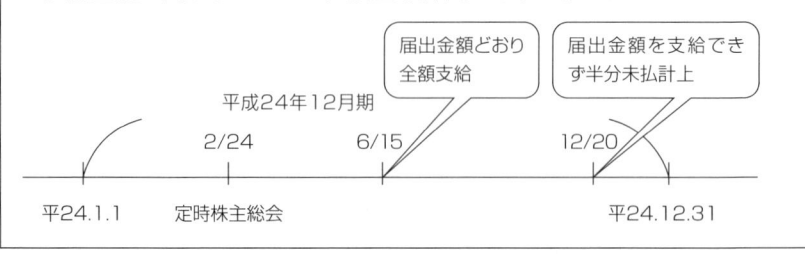

```
                            届出金額どおり      届出金額を支給でき
                            全額支給            ず半分未払計上
              平成24年12月期
              ┌──2/24──────6/15──────────12/20──┐
              │                                    │
            平24.1.1  定時株主総会              平24.12.31
```

A NSWER

　貴社が平成24年6月15日に役員給与として支給した500万円及び平成24年12月20日に役員給与として計上した500万円は，事前確定届出給与として平成24年12月期の損金の額に算入されるものと考えられます。

解説

1　事前確定届出給与

　内国法人がその役員に対して支給する給与のうち事前確定届出給与は，原則としてこれを支給するその内国法人の各事業年度の所得の金額の計算上，損金の額に算入されることとされています（法法34①二，②）。

　事前確定届出給与とは，その役員の職務につき所定の時期に確定額を支給する旨の定めに基づいて支給する給与（定期同額給与及び利益連動給与（利益に関する指標を基礎として算定される給与をいいます。）を除くものとし，定期給与を支給しない役員に対して支給する給与（同族会社に該当しない内国法人が支給するものに限ります。）以外の給与にあっては政令で定めるところにより納税地の所轄税務署長にその定めの内容に関する届出（事前確定届出給与の届出）をしている場合における当該給与に限ります。）をいいます（法法34①二，法令69②，法規22の3①）。

この法人税法第34条第1項第2号《事前確定届出給与》に規定する給与は，所定の時期に確定額を支給する旨の定めに基づいて支給される給与をいうのであるから，同号の規定に基づき納税地の所轄税務署長へ届け出た支給額と実際の支給額が異なる場合にはこれに該当しないこととなり，原則として，その支給額の全額が損金不算入となることとされています（法基通9－2－14）。

　国税庁から公表された平成19年3月13日付課法2－3ほか1課共同「法人税基本通達等の一部改正について」（法令解釈通達）の法基通9－2－14の趣旨説明の解説によれば「事前確定届出給与として当該事業年度の損金の額に算入される給与は，所定の時期に確定額を支給する旨の定めに基づいて支給するもの，すなわち，支給時期，支給金額が事前に確定し，実際にもその定めのとおりに支給される給与に限られるのである。」との考え方が示されています。

　役員の職務執行の期間は，一般的には，定時株主総会から次の定時株主総会までであるところ，その期間中に2回以上の事前確定届出給与の支給を予定している場合も少なくありません。

　この場合，これらの事前確定届出給与がその定めのとおりに支給されたかどうかをどのように判定するのかという問題があります。

　この点について，平成19年3月13日付「法人税基本通達等の一部改正について（法令解釈通達）」の法人税基本通達9－2－14の趣旨説明の解説によれば，「一般的に，役員給与は定時株主総会から次の定時株主総会までの間の職務執行の対価であると解されることから，その支給が複数回にわたる場合であっても，定めどおりに支給されたかどうかは当該職務執行の期間を一つの単位として判定すべきであると考えられる。したがって，複数回の支給がある場合には，原則として，その職務執行期間に係る当該事業年度及び翌事業年度における支給について，その全ての支給が定めどおりに行われたかどうかにより，事前確定届出給与に該当するかどうかを判定する」との考え方を示しています。

　本事例のように，事前確定届出給与について，その支給金額の一部が未払となった場合にどのように取り扱うかが問題となります。

　この点について，同解説によれば，「いずれにしても，事前確定届出給与に

第Ⅱ部　役員給与

ついて、その支給額の一部につき未払計上がされた場合には、給与としての実態が伴っているかどうかその実質により判断することとなるとともに、上述の考え方から、所轄税務署長へ届け出た金額が確定額であったのかどうか、更には、そもそも「その役員の職務につき所定の時期に確定額を支給する定め」が存していたのかどうかなどについて、個々に判断していくこととなろう。」との考え方を示しています。

　本事例の場合は、貴社の平成24年12月20日の事前確定届出給与の届出金額の半分が未払計上となった理由が、大口取引先の倒産により売掛金の回収ができないことから資金繰りが悪化したため、半分が未払計上となったことからすると、未払計上となった理由が合理的で客観的なものと認められること、かつ、貴社は当該事前確定届出給与の額を役員給与として経理処理を行っていること、また、貴社はその未払金額について平成25年1月15日に全額支払っていることからすると、短期間で支払われており、その未払計上は認められるものと考えられます。

　なお、支給総額が確定している給与等を分割して支払う場合の各支払の際徴収すべき税額は、当該確定している支給総額に対する税額を各回の支払額に按分して計算するものとされています（所基通183～193共-1）。

2　本事例の場合

　上記1のとおり、本事例の場合は、貴社の平成24年12月20日の事前確定届出給与の届出金額の半分が未払計上となった理由が、大口取引先の倒産により売掛金の回収ができないことから資金繰りが悪化したため、未払計上となったことからすると、未払計上となった理由が合理的で客観的なものと認められること、かつ、貴社は当該事前確定届出給与の額を役員給与として経理処理を行っていること、また、貴社はその未払金額について平成25年1月15日に全額支払ったことからすると、短期間で支払われていることから、その未払計上は認められるものと考えられます。

事前確定届出給与関係

Q39 事前確定届出給与が定めどおりに支給されなかった場合

当社は，製造業を営む12月決算法人です。

当社は平成23年12月期の定時株主総会を平成24年3月26日に開催し取締役の報酬等の総額は定時株主総会で決議し，その総額の範囲内で直後に開催された同日の取締役会において個々の取締役に対して支給する個別の具体的な支給額を決議しています。

その決議の中で，代表取締役甲に対して定期同額給与のほかに下記の事前確定届出給与を支給することとし，当社は期限内に所轄税務署長に事前確定届出給与に関する届出書を届け出ました。

（事前確定届出給与に関する事項）

事前確定給与届出対象者	支給時期	支給金額
代表取締役甲	平成24年 6月15日	150万円
	平成24年12月20日	150万円

平成24年6月15日には，甲に事前確定届出給与に関する定めにしたがい150万円を支給しましたが，平成24年12月20日には，資金繰りの都合で100万円しか支給できず，未払計上もしていませんでした。

この場合の当社の甲に対する事前確定届出給与のうち損金不算入額となる金額はいくらになりますか。

（実際の支給金額）

事前確定給与届出対象者	支給時期	実際の支給金額
代表取締役甲	平成24年 6月15日	150万円
	平成24年12月20日	100万円

第Ⅱ部　役員給与

```
                      150万円全額         150万円のところ
                      支給              100万円を支給
        平成24年12月期
         3/26      6/15              12/20
    ├─────┼──────┼──────────┼─────┤
  平24.1.1   定時株主総会                      平24.12.31
```

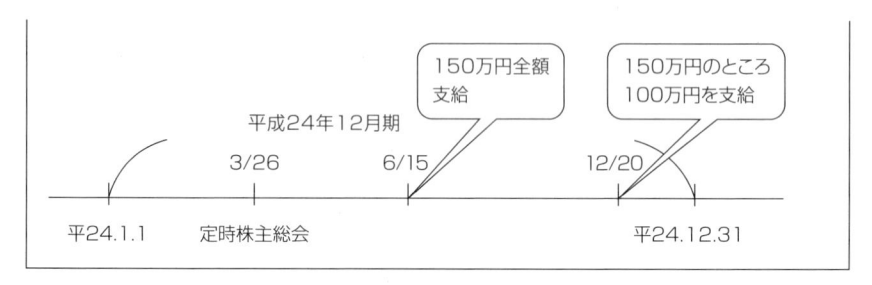

A NSWER

　貴社が甲に対して事前確定届出給与として平成24年6月15日に支給した150万円及び平成24年12月20日に支給した100万円の合計250万円は，平成24年12月期の損金の額に算入されないものと考えられます。

■ 解 説

1　事前確定届出給与

　内国法人がその役員に対して支給する給与のうち事前確定届出給与は，原則としてこれを支給するその内国法人の各事業年度の所得の金額の計算上，損金の額に算入されることとされています（法法34①二，②）。

　事前確定届出給与とは，その役員の職務につき所定の時期に確定額を支給する旨の定めに基づいて支給する給与（定期同額給与及び利益連動給与（利益に関する指標を基礎として算定される給与をいいます。）を除くものとし，定期給与を支給しない役員に対して支給する給与（同族会社に該当しない内国法人が支給するものに限ります。）以外の給与にあっては政令で定めるところにより納税地の所轄税務署長にその定めの内容に関する届出（事前確定届出給与の届出）をしている場合における当該給与に限ります。）をいいます（法法34①二，法令69②，法規22の3①）。

　この法人税法第34条第1項第2号《事前確定届出給与》に規定する給与は，所定の時期に確定額を支給する旨の定めに基づいて支給される給与をいうのであるから，同号の規定に基づき納税地の所轄税務署長へ届け出た支給額と実際の支給額が異なる場合にはこれに該当しないこととなり，原則として，その支

給額の全額が損金不算入となることとされています（法基通9－2－14）。

国税庁から公表された平成19年3月13日付課法2－3ほか1課共同「法人税基本通達等の一部改正について」（法令解釈通達）の法基通9－2－14の趣旨説明の解説によれば「事前確定届出給与として当該事業年度の損金の額に算入される給与は、所定の時期に確定額を支給する旨の定めに基づいて支給するもの、すなわち、支給時期、支給金額が事前に確定し、実際にもその定めのとおりに支給される給与に限られるのである。」との考え方が示されています。

役員の職務執行の期間は、一般的には、定時株主総会から次の定時株主総会までであるところ、その期間中に2回以上の事前確定届出給与の支給を予定している場合も少なくありません。

この場合、これらの事前確定届出給与がその定めのとおりに支給されたかどうかをどのように判定するのかという問題があります。

この点について、平成19年3月13日付「法人税基本通達等の一部改正について（法令解釈通達）の法人税基本通達9－2－14の趣旨説明の解説によれば、「一般的に、役員給与は定時株主総会から次の定時株主総会までの間の職務執行の対価であると解されることから、その支給が複数回にわたる場合であっても、定めどおりに支給されたかどうかは当該職務執行の期間を一つの単位として判定すべきであると考えられる。したがって、複数回の支給がある場合には、原則として、その職務執行期間に係る当該事業年度及び翌事業年度における支給について、その全ての支給が定めどおりに行われたかどうかにより、事前確定届出給与に該当するかどうかを判定する」との考え方を示しています。

したがって、本事例の場合、貴社が甲に対して事前確定届出給与として平成24年6月15日に支給した150万円及び平成24年12月20日に支給した100万円の合計250万円は、平成24年12月期の損金の額に算入されないものと考えられます。

2　本事例の場合

上記1のとおり、貴社が甲に対して事前確定届出給与として平成24年6月

第Ⅱ部 役員給与

15日に支給した150万円及び平成24年12月20日に支給した100万円の合計250万円は、事前確定届出給与として平成24年12月期の損金の額に算入されないものと考えられます。

事前確定届出給与関係

Q40 事前確定届出給与が当期は定めどおりに支給されたが翌期は定めどおりに支給されなかった場合

　当社は，製造業を営む3月決算法人です。

　当社は平成24年3月期の定時株主総会を平成24年6月27日に開催し取締役の報酬等の総額は定時株主総会で決議し，その総額の範囲内でその直後に開催された同日の取締役会において個々の取締役に対して支給する個別の具体的な支給額を決議しています。

　その決議の中で，代表取締役甲に対して定期同額給与のほかに下記の事前確定届出給与を支給することとし，当社は期限内に所轄税務署長に事前確定届出給与に関する届出書を届け出ました。

（事前確定届出給与に関する事項）

事前確定給与届出対象者	支給時期	支給金額
代表取締役甲	平成24年12月14日	250万円
	平成25年 6月17日	250万円

　平成24年12月14日には，甲に定めにしたがい250万円を支給しましたが，平成25年6月17日には，資金繰りの都合で100万円しか支給できませんでした。

　この場合の当社の甲に対する事前確定届出給与のうち損金不算入額となる金額はその支給額の全額が対象となりますか。

（実際の支給金額）

事前確定給与届出対象者	支給時期	実際の支給金額
代表取締役甲	平成24年12月14日	250万円
	平成25年 6月17日	100万円

第Ⅱ部　役員給与

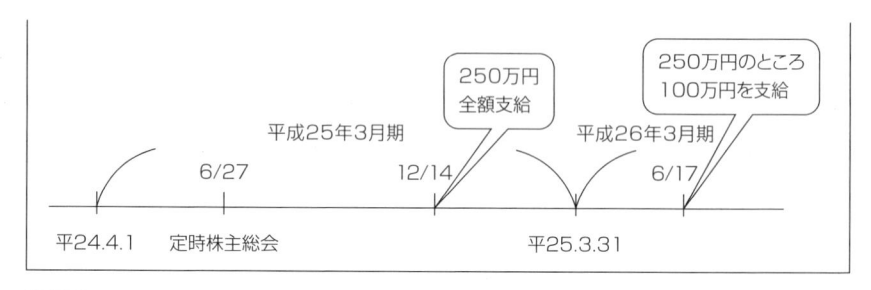

```
                                     250万円              250万円のところ
                                     全額支給             100万円を支給
           平成25年3月期                      平成26年3月期
         6/27              12/14               6/17
─┼────┼──────────────┼──────────────┼──
平24.4.1  定時株主総会                 平25.3.31
```

A NSWER

　貴社が甲に対して平成24年12月14日に支給した250万円は，事前確定届出給与として平成25年3月期の損金の額に算入されますが，貴社が甲に対して平成25年6月17日に支給した100万円は，事前確定届出給与として平成26年3月期の損金の額に算入されないものと考えられます。

解 説

1　事前確定届出給与

　内国法人がその役員に対して支給する給与のうち事前確定届出給与は，原則としてこれを支給するその内国法人の各事業年度の所得の金額の計算上，損金の額に算入されることとされています（法法34①二，②）。

　事前確定届出給与とは，その役員の職務につき所定の時期に確定額を支給する旨の定めに基づいて支給する給与（定期同額給与及び利益連動給与（利益に関する指標を基礎として算定される給与をいいます。）を除くものとし，定期給与を支給しない役員に対して支給する給与（同族会社に該当しない内国法人が支給するものに限ります。）以外の給与にあっては政令で定めるところにより納税地の所轄税務署長にその定めの内容に関する届出（事前確定届出給与の届出）をしている場合における当該給与に限ります。）をいいます（法法34①二，法令69②，法規22の3①）。

　この法人税法第34条第1項第2号《事前確定届出給与》に規定する給与は，所定の時期に確定額を支給する旨の定めに基づいて支給される給与をいうのであるから，同号の規定に基づき納税地の所轄税務署長へ届け出た支給額と実際

の支給額が異なる場合にはこれに該当しないこととなり、原則として、その支給額の全額が損金不算入となることとされています（法基通9－2－14）。

　国税庁から公表された平成19年3月13日付課法2－3ほか1課共同「法人税基本通達等の一部改正について」（法令解釈通達）の法基通9－2－14の趣旨説明の解説によれば「事前確定届出給与として当該事業年度の損金の額に算入される給与は、所定の時期に確定額を支給する旨の定めに基づいて支給するもの、すなわち、支給時期、支給金額が事前に確定し、実際にもその定めのとおりに支給される給与に限られるのである。」との考え方が示されています。

　役員の職務執行の期間は、一般的には、定時株主総会から次の定時株主総会までであるところ、その期間中に2回以上の事前確定届出給与の支給を予定している場合も少なくありません。

　この場合、これらの事前確定届出給与がその定めのとおりに支給されたかどうかをどのように判定するのかという問題があります。

　この点について、国税庁から公表された平成19年3月13日付「法人税基本通達等の一部改正について（法令解釈通達）」の法人税基本通達9－2－14の趣旨説明によれば、「一般的に、役員給与は定時株主総会から次の定時株主総会までの間の職務執行の対価であると解されることから、その支給が複数回にわたる場合であっても、定めどおりに支給されたかどうかは当該職務執行の期間を一つの単位として判定すべきであると考えられる。したがって、複数回の支給がある場合には、原則として、その職務執行期間に係る当該事業年度及び翌事業年度における支給について、その全ての支給が定めどおりに行われたかどうかにより、事前確定届出給与に該当するかどうかを判定する」との考え方を示しています。

　ただし、同解説によれば、「上記と同様にその役員の職務執行期間中に複数回の事前確定届出給与があり、そのうち定めどおりに支給されなかったものがある場合であっても、既に支給済みの事前確定届出給与の損金算入が認められる余地もあり得るものと考えられる。」とし、「例えば、3月決算法人が、平成18年6月26日から平成19年6月25日までを職務執行期間とする役員に対し、

第Ⅱ部　役員給与

平成18年12月及び平成19年6月にそれぞれ200万円の給与を支給することを定め,所轄税務署長に届け出た場合において,当該事業年度(平成19年3月期)中の支給である平成18年12月支給分は定めどおりに支給したものの,翌事業年度(平成20年3月期)となる平成19年6月支給分のみを定めどおりに支給しなかった場合は,その支給しなかったことにより直前の事業年度(平成19年3月期)の課税所得に影響を与えるようなものではないことから,翌事業年度(平成20年3月期)に支給した給与の額のみについて損金不算入と取り扱っても差し支えないものと考えられる。」との考え方を示しています。

2　本事例の場合

　上記1のとおり,貴社が甲に対して平成24年12月14日に支給した250万円は,事前確定届出給与として平成25年3月期の損金の額に算入されますが,貴社が甲に対して平成25年6月17日に支給した100万円は,事前確定届出給与として平成26年3月期の損金の額に算入されないものと考えられます。

事前確定届出給与関係

Q41 事前確定届出給与が当期は定めどおりに支給されなかったが翌期は定めどおりに支給された場合

　当社は，製造業を営む3月決算法人です。

　当社は平成24年3月期の定時株主総会を平成24年6月27日に開催し取締役の報酬等の総額は定時株主総会で決議し，その総額の範囲内でその直後に開催された同日の取締役会において個々の取締役に対して支給する個別の具体的な支給額を決議しています。

　その決議の中で，代表取締役甲に対して定期同額給与のほかに下記の事前確定届出給与を支給することとし，当社は期限内に所轄税務署長に事前確定届出給与に関する届出書を届け出ました。

（事前確定届出給与に関する事項）

事前確定給与届出対象者	支給時期	支給金額
代表取締役甲	平成24年12月14日	250万円
	平成25年 6月17日	250万円

　平成24年12月14日には，資金繰りの都合で甲に250万円のところ100万円しか支給できませんでしたが，平成25年6月17日には，250万円を全額支給しました。

　この場合の当社の甲に対する事前確定届出給与のうち損金不算入額となる金額はその支給額の全額が対象となりますか。

（実際の支給金額）

事前確定給与届出対象者	支給時期	実際の支給金額
代表取締役甲	平成24年12月14日	100万円
	平成25年 6月17日	250万円

第Ⅱ部　役員給与

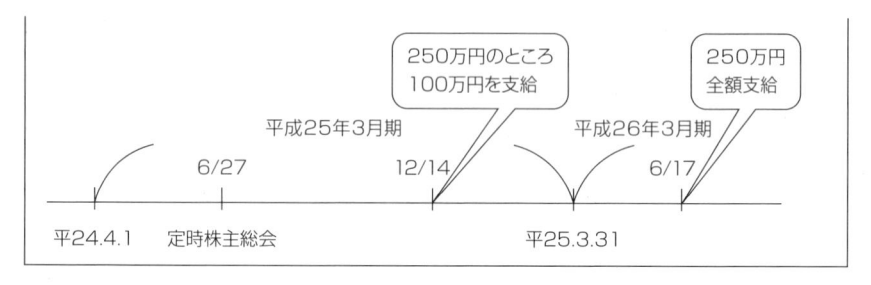

```
                           250万円のところ        250万円
                           100万円を支給          全額支給
              平成25年3月期              平成26年3月期
        6/27              12/14          6/17
─┬──────┬───────┬───────┬──────
平24.4.1    定時株主総会                      平25.3.31
```

A NSWER

　貴社が甲に対して平成24年12月14日に支給した100万円は、事前確定届出給与として平成25年3月期の損金の額に算入されないものと考えられます。

　また、貴社が甲に対して平成25年6月17日に支給した250万円も、事前確定届出給与として平成26年3月期の損金の額に算入されないものと考えられます。

解　説

1　事前確定届出給与

　内国法人がその役員に対して支給する給与のうち事前確定届出給与は、原則としてこれを支給するその内国法人の各事業年度の所得の計算上、損金の額に算入されることとされています（法法34①二、②）。

　事前確定届出給与とは、その役員の職務につき所定の金額の時期に確定額を支給する旨の定めに基づいて支給する給与（定期同額給与及び利益連動給与（利益に関する指標を基礎として算定される給与をいいます。）を除くものとし、定期給与を支給しない役員に対して支給する給与（同族会社に該当しない内国法人が支給するものに限ります。）以外の給与にあっては政令で定めるところにより納税地の所轄税務署長にその定めの内容に関する届出（事前確定届出給与の届出）をしている場合における当該給与に限ります。）をいいます（法法34①二、法令69②、法規22の3①）。

　この法人税法第34条第1項第2号《事前確定届出給与》に規定する給与は、

所定の時期に確定額を支給する旨の定めに基づいて支給される給与をいうのであるから，同号の規定に基づき納税地の所轄税務署長へ届け出た支給額と実際の支給額が異なる場合にはこれに該当しないこととなり，原則として，その支給額の全額が損金不算入となることとされています（法基通9－2－14）。

国税庁から公表された平成19年3月13日付課法2－3ほか1課共同「法人税基本通達等の一部改正について」（法令解釈通達）の法基通9－2－14の趣旨説明の解説によれば「事前確定届出給与として当該事業年度の損金の額に算入される給与は，所定の時期に確定額を支給する旨の定めに基づいて支給するもの，すなわち，支給時期，支給金額が事前に確定し，実際にもその定めのとおりに支給される給与に限られるのである。」との考え方が示されています。

役員の職務執行の期間は，一般的には，定時株主総会から次の定時株主総会までであるところ，その期間中に2回以上の事前確定届出給与の支給を予定している場合も少なくありません。

この場合，これらの事前確定届出給与がその定めのとおりに支給されたかどうかをどのように判定するのかという問題があります。

この点について，平成19年3月13日付「法人税基本通達等の一部改正について（法令解釈通達）」の法人税基本通達9－2－14の趣旨説明によれば，「一般的に，役員給与は定時株主総会から次の定時株主総会までの間の職務執行の対価であると解されることから，その支給が複数回にわたる場合であっても，定めどおりに支給されたかどうかは当該職務執行の期間を一つの単位として判定すべきであると考えられる。したがって，複数回の支給がある場合には，原則として，その職務執行期間に係る当該事業年度及び翌事業年度における支給について，その全ての支給が定めどおりに行われたかどうかにより，事前確定届出給与に該当するかどうかを判定する」との考え方を示しています。

したがって，貴社が甲に対して平成24年12月14日に支給した100万円は，事前確定届出給与として平成25年3月期の損金の額に算入されません。

また，貴社が甲に対して平成25年6月17日に支給した250万円も，事前確定届出給与として平成26年3月期の損金の額に算入されません

2 本事例の場合

上記1のとおり,貴社が甲に対して平成24年12月14日に支給した100万円は,事前確定届出給与として平成25年3月期の損金の額に算入されないものと考えられます。

貴社が甲に対して平成25年6月17日に支給した250万円も,事前確定届出給与として平成26年3月期の損金の額に算入されないものと考えられます。

事前確定届出給与関係

Q42 「事前確定届出給与に関する届出書」を提出している法人が特定の役員について届出書と異なる支給をした場合において他の役員の支給額も損金不算入となるか

　当社は，製造業を営む3月決算法人です。

　当社は平成24年3月期の定時株主総会を平成24年6月27日に開催し取締役の報酬等の総額は定時株主総会で決議し，その総額の範囲内でその直後に開催された同日の取締役会において個々の取締役に対して支給する個別の具体的な支給額を決議しています。

　その決議の中で，代表取締役甲，専務取締役乙及び常務取締役丁に対して定期同額給与のほかに下記の事前確定届出給与を支給することとし，当社は期限内に所轄税務署長に事前確定届出給与に関する届出書を届け出ました。

（事前確定届出給与に関する事項）

事前確定届出対象者	支給時期	支給金額
代表取締役甲	平成24年12月20日	300万円
専務取締役乙	平成24年12月20日	200万円
常務取締役丙	平成24年12月20日	200万円

　ところが，当社は平成24年12月20日の事前確定届出給与の支給の際に，乙及び丙には事前確定届出給与に関する届出書に記載のとおり全額支給できましたが，甲には資金繰りの都合で100万円しか支給できませんでした。

　この場合の当社の役員給与のうち損金不算入額となる金額は甲に対して支給した役員給与100万円は損金の額に算入されないと考えられますが，乙及び丙に対する事前確定届出給与も損金の額に算入されないことになりますか。

第Ⅱ部　役員給与

(実際の支給金額)

事前確定届出対象者	支給時期	実際の支給金額
代表取締役甲	平成24年12月20日	100万円
専務取締役乙	平成24年12月20日	200万円
常務取締役丙	平成24年12月20日	200万円

ANSWER

　貴社が事前確定届出給与に関する届出書の届出額と同額を支給した乙及び丙に係る役員給与については，事前確定届出給与として損金の額に算入されるものと考えられます。

解説

1　事前確定届出給与

　内国法人がその役員に対して支給する給与のうち事前確定届出給与は，原則としてこれを支給するその内国法人の各事業年度の所得の金額の計算上，損金の額に算入されることとされています（法法34①二，②）。

　事前確定届出給与とは，<u>その役員の職務につき所定の時期に確定額を支給する旨の定めに基づいて支給する給与</u>（定期同額給与及び利益連動給与（利益に関する指標を基礎として算定される給与をいいます。）を除くものとし，定期給与を支給しない役員に対して支給する給与（同族会社に該当しない内国法人が支給するものに限ります。）以外の給与にあっては政令で定めるところにより納税地の所轄税務署長にその定めの内容に関する届出（事前確定届出給与の届出）をしている場合における当該給与に限ります。）をいいます（法法34①二，法令69②，法規22の3①）。

　この法人税法第34条第1項第2号《事前確定届出給与》に規定する給与は，所定の時期に確定額を支給する旨の定めに基づいて支給される給与をいうのであるから，同号の規定に基づき納税地の所轄税務署長へ届け出た支給額と実際の支給額が異なる場合にはこれに該当しないこととなり，原則として，その支給額の全額が損金不算入となることとされています（法基通9－2－14）。

国税庁から公表された平成19年3月13日付課法2－3ほか1課共同「法人税基本通達等の一部改正について」（法令解釈通達）の法基通9－2－14の趣旨説明の解説によれば「事前確定届出給与として当該事業年度の損金の額に算入される給与は，所定の時期に確定額を支給する旨の定めに基づいて支給するもの，すなわち，支給時期，支給金額が事前に確定し，実際にもその定めのとおりに支給される給与に限られるのである。」との考え方が示されています。

　上記のとおり，事前確定届出給与とは，その役員の職務につき所定の時期に確定額を支給する旨の定めに基づいて支給する給与と規定されることから，個々の役員に係る給与について規定しているため，代表取締役甲以外のほかの役員に対する給与に影響を与えるものとなっていないものと考えられます。

2　本事例の場合

　上記1のとおり，事前確定届出給与とはその役員の職務につき所定の時期に確定額を支給する旨の定めに基づいて支給する給与と規定されることから，個々の役員に係る給与について規定しているため，代表取締役甲以外のほかの役員に対する給与に影響を与えるものとなっていないものと考えられます。

　したがって，貴社が事前確定届出給与に関する届出書の届出額と同額を支給した乙及び丙に係る役員給与については，事前確定届出給与として損金の額に算入されるものと考えられます。

第Ⅱ部 役員給与

事前確定届出給与関係

Q43 事前確定届出給与の支給金額の決定を代表取締役に一任した場合

当社は，卸売業を営む3月決算法人です。

今般，当社は取締役の受けるべき年間の報酬等総額について平成24年6月25日の定時株主総会で決議し，各取締役の報酬等については定時株主総会直後の取締役会に一任し，取締役会はさらに各取締役の定期同額給与及び事前確定届出給与について，代表取締役社長に一任しました。代表取締役社長は各取締役の定期同額給与及び事前確定届出給与をその日のうちに決定し，代表取締役社長が決定した各取締役の定期同額給与及び事前確定届出給与をその日のうちに取締役会に報告し了承を得ています。

当社では以上のような役員給与の改定手続を行いましたが，このような役員給与の改定手続で行った場合に株主総会等による改定に該当しますか。

ANSWER

代表取締役社長は各取締役の定期同額給与及び事前確定届出給与をその日のうちに決定した後，各取締役の定期同額給与及び事前確定届出給与をその日のうちに取締役会に報告し了承を得ていることからすると，取締役会の決議と同様なものであり，株主総会等の決議として取り扱って差し支えないものと考えられます。

解 説

取締役の報酬，賞与その他の職務執行の対価として株式会社から受ける財産上の利益（以下「報酬等」といいます。）についての次に掲げる事項は，定款に当

該事項を定めていないときは、株主総会の決議によって定めることとされています（会社法361①）。

(1) 報酬等のうち額が確定しているものについては、その額
(2) 報酬等のうち額が確定していないものについては、その具体的な算定方法
(3) 報酬等のうち金銭でないものについては、その具体的な内容

取締役の報酬等の額の決定について、取締役会ではなく定款又は株主総会決議を要するのは、いわゆるお手盛りを防止するためとされています。

一般的には、取締役の報酬等の額の決定については定款ではなく株主総会決議により行われています。

なお、株主総会が決議した報酬総額の限度額を超えない限り、毎年の株主総会で報酬総額を決議することは必要ないこととされています。

ところで、株主総会が取締役の報酬を取締役会に委任できるかについて、判例は株主総会の決議で取締役全員の報酬の総額を定め、その具体的な配分は取締役会の決定に委ねることができ、株主総会の決議で各取締役の報酬額を個別に定めることまでは必要ではない（最判昭60.3.26）とし、さらに、取締役会から代表取締役に委任することもできると解されています（最判昭31.10.5）。

また、監査役の報酬等は、定款にその額を定めていないときは、株主総会の決議によって定めることとされ（会社法387①）、監査役が二人以上ある場合において、各監査役の報酬等について定款の定め又は株主総会の決議がないときは、当該報酬等は、前項の報酬等の範囲内において、監査役の協議によって定めることとされています（会社法387②）。

なお、委員会設置会社の場合については、報酬委員会は、第361条第1項《取締役の報酬等》並びに第379条第1項及び第2項《会計参与の報酬等》の規定にかかわらず、執行役等の個人別の報酬等の内容を決定することとされています（会社法404③）。

一般的には、株主総会の決議で取締役全員の報酬等の総額を定め、その具体的な配分は株主総会から委任を受けた取締役会が決定していると思われます。

第Ⅱ部　役員給与

　法人税法施行令第69条第2項第1号に規定する株主総会，社員総会又はこれらに準ずるもの（株主総会等）のこれらに準ずるものには取締役会も含まれるものと考えられます。

　貴社の場合は定時株主総会で取締役の年間報酬等総額を決定し，各取締役の定期同額給与及び事前確定届出給与について取締役会に一任し，さらに取締役会から代表取締役社長に一任しています。

　代表取締役社長は各取締役の定期同額給与及び事前確定届出給与についてその日のうち決定し，代表取締役社長が決定した各取締役の定期同額給与及び事前確定届出給与をその日のうちに取締役会に報告し了承を得ていることからすると，各取締役の具体的な支給金額については貴社の取締役会決議により決定したものと同様なものと考えられます。

　したがって，貴社の事前確定届出給与の決定は株主総会等の決議によるものと考えられます。

利益連動給与

Q44 業務執行役員の意義

当社（取締役会設置会社）は卸売業を営む3月決算法人の上場法人（非同族会社）です。

今般，当社では利益連動給与の制度を導入することを検討しています。

利益連動給与が損金の額に算入されるためには業務執行役員に対して支給することが要件となっているとのことですが，当社では，この利益連動給与の対象に社外取締役や監査役も対象にしたいと考えておりますが，差し支えありませんか。

A NSWER

業務執行役員とは，法人の業務を執行する役員をいうのであるから，社外取締役，監査役は，これに含まれないこととなります。

解説

1 利益連動給与

内国法人がその役員に対して支給する給与のうち利益連動給与で一定の要件を満たすものは，原則としてこれを支給するその内国法人の各事業年度の所得の金額の計算上，損金の額に算入されることとされています（法法34①三，②）。

損金の額に算入することができる利益連動給与とは，同族会社に該当しない内国法人がその業務執行役員（業務を執行する役員として政令で定めるものをいいます。）に対して支給する利益連動給与で次に掲げる要件を満たすもの（他の業務執行役員のすべてに対して次に掲げる要件を満たす利益連動給与を支給する場合に限ります。）をいいます（法法34①三，法令69⑥〜⑩，法規22の3③）。

第Ⅱ部　役員給与

(1) その算定方法が，当該事業年度の利益に関する指標（金融商品取引法第24条第1項（有価証券報告書の提出）に規定する有価証券報告書（③において「有価証券報告書」といいます。）に記載されるものに限ります。）を基礎とした客観的なもの（次に掲げる要件を満たすものに限ります。）であること。

　① 確定額を限度としているものであり，かつ，他の業務執行役員に対して支給する利益連動給与に係る算定方法と同様のものであること。

　② 当該事業年度開始の日の属する会計期間開始の日から3月を経過する日（保険会社にあっては，当該会計期間開始の日から4月を経過する日）までに，報酬委員会（会社法第404条第3項（委員会の権限等）の報酬委員会をいい，当該内国法人の業務執行役員又は当該業務執行役員と政令で定める特殊の関係のある者がその委員になっているものを除きます。）が決定をしていることその他これに準ずる適正な手続として政令で定める手続を経ていること。

　③ その内容が，②の決定又は手続の終了の日以後遅滞なく，有価証券報告書に記載されていることその他財務省令で定める方法により開示されていること。

(2) 利益に関する指標の数値が確定した後1月以内に支払われ，又は支払われる見込みであること。

(3) 損金経理をしていること。

この業務を執行する役員として政令で定めるものとは，上記(1)の算定方法についての(1)②の報酬委員会での決定その他これに準ずる適正な手続の終了の日において次に掲げる役員に該当する者とされています（法令69⑥）。

　① 会社法第363条第1項各号（取締役会設置会社の取締役の権限）に掲げる取締役

　② 会社法第418条（執行役の権限）の執行役

　③ 上記①及び②に掲げる役員に準ずる役員

この業務執行役員とは，法人の業務を執行する役員をいうのであるから，例えば，法人の役員であっても，取締役会設置会社における代表取締役以外の取締役のうち業務を執行する取締役として選定されていない者，社外取締役，監

査役及び会計参与は，これに含まれないこととされています（法基通9－2－17）。

なお，上記③の①及び②に掲げる役員に準ずる役員とは，国税庁から公表された平成19年3月13日付「法人税基本通達等の一部改正について」（法令解釈通達）の法人税基本通達9－2－17《業務執行役員の意義》の趣旨説明の解説によれば，「③は①又は②に該当しない者のうち実質的に法人業務を執行している役員（例えば，取締役会を設置していない会社の取締役，持分会社における業務を執行する社員等）がこれに当たることとなる。」と説明されています。

2　本事例の場合

上記1のとおり，業務執行役員とは，法人の業務を執行する役員をいうのであるから，社外取締役，監査役は，これに含まれないこととなります。

利益連動給与

Q45 確定額を限度としている算定方法の意義

当社は製造業を営む3月決算法人の上場法人（非同族会社）です。

今般，当社では利益連動給与の制度を導入することを検討しています。

利益連動給与の算定方法について，利益連動給与が損金の額に算入されるためには確定額を限度とすることが要件となっているとのことですが，当社では「経常利益の0.8％を限度とする」といったものを考えていますが，この方法でもこの確定額を限度とする要件を満たすことになりますか。

ANSWER

「経常利益の0.8％を限度とする」といった支給額の上限が金額によらない算定方法は，損金の額に算入される利益連動給与の要件である「確定額を限度としているもの」に該当しないことから，損金の額に算入されないものと考えられます。

解説

1 利益連動給与

内国法人がその役員に対して支給する給与のうち利益連動給与で一定の要件を満たすものは，原則としてこれを支給するその内国法人の各事業年度の所得の金額の計算上，損金の額に算入されることとされています（法法34①三，②）。

損金の額に算入することができる利益連動給与とは，同族会社に該当しない内国法人がその業務執行役員（業務を執行する役員として政令で定めるものをいいます。）に対して支給する利益連動給与で次に掲げる要件を満たすもの（他の業務執行役員のすべてに対して次に掲げる要件を満たす利益連動給与を支給する場合に限り

ます。）をいいます（法法34①三，法令69⑥～⑩，法規22の3③）。
(1) その算定方法が，当該事業年度の利益に関する指標（金融商品取引法第24条第1項（有価証券報告書の提出）に規定する有価証券報告書（③において「有価証券報告書」といいます。）に記載されるものに限ります。）を基礎とした客観的なもの（次に掲げる要件を満たすものに限ります。）であること。
  ① 確定額を限度としているものであり，かつ，他の業務執行役員に対して支給する利益連動給与に係る算定方法と同様のものであること。
  ② 当該事業年度開始の日の属する会計期間開始の日から3月を経過する日（保険会社にあっては，当該会計期間開始の日から4月を経過する日）までに，報酬委員会（会社法第404条第3項（委員会の権限等）の報酬委員会をいい，当該内国法人の業務執行役員又は当該業務執行役員と政令で定める特殊の関係のある者がその委員になっているものを除きます。）が決定をしていることその他これに準ずる適正な手続として政令で定める手続を経ていること。
  ③ その内容が，②の決定又は手続の終了の日以後遅滞なく，有価証券報告書に記載されていることその他財務省令で定める方法により開示されていること。
(2) 利益に関する指標の数値が確定した後1月以内に支払われ，又は支払われる見込みであること。
(3) 損金経理をしていること。
上記(1)の「確定額を限度としている算定方法」とは，その支給額の上限が具体的な金額をもって定められていることをいうのであるから，例えば，「経常利益の○○％を限度として支給する。」という定め方は，これに当たらないこととされています（法基通9－2－18）。

2 本事例の場合

上記1のとおり，「経常利益の0.8％を限度とする」といった支給額の上限が金額によらない算定方法は，損金の額に算入することができる利益連動給与の要件である「確定額を限度としているもの」に該当しないことから，損金の額

第Ⅱ部　役員給与

に算入されないものと考えられます。

利益連動給与

Q46 算定方法の内容の開示

当社は製造業を営む3月決算法人上場法人（非同族会社）です。

今般，当社では利益連動給与の制度を導入することを検討しています。

利益連動給与が損金の額に算入されるためには有価証券報告書に記載されていることその他の方法により開示することがその要件とのことですが，業務執行役員のそれぞれについて開示する必要がありますか。

ANSWER

業務執行役員のすべてについて，当該業務執行役員ごとにそれぞれ開示を行う必要があります。

なお，開示の対象はあくまでも利益連動給与の算定方法の内容であることから，役員の個人名での開示を求めるものではないので，当該肩書き別に利益連動給与の算定方法が明らかにされていればよいものと考えられます。

解説

1 利益連動給与

内国法人がその役員に対して支給する給与のうち利益連動給与で一定の要件を満たすものは，原則としてこれを支給するその内国法人の各事業年度の所得の金額の計算上，損金の額に算入されることとされています（法法34①三，②）。

損金の額に算入することができる利益連動給与とは，同族会社に該当しない内国法人がその業務執行役員（業務を執行する役員として政令で定めるものをいいます。）に対して支給する利益連動給与で次に掲げる要件を満たすもの（他の業務執行役員のすべてに対して次に掲げる要件を満たす利益連動給与を支給する場合に限り

第Ⅱ部 役員給与

ます。）をいいます（法法34①三，法令69⑥～⑩，法規22の3③）。
(1) その算定方法が，当該事業年度の利益に関する指標（金融商品取引法第24条第1項（有価証券報告書の提出）に規定する有価証券報告書（③において「有価証券報告書」といいます。）に記載されるものに限ります。）を基礎とした客観的なもの（次に掲げる要件を満たすものに限ります。）であること。
　① 確定額を限度としているものであり，かつ，他の業務執行役員に対して支給する利益連動給与に係る算定方法と同様のものであること。
　② 当該事業年度開始の日の属する会計期間開始の日から3月を経過する日（保険会社にあっては，当該会計期間開始の日から4月を経過する日）までに，報酬委員会（会社法第404条第3項（委員会の権限等）の報酬委員会をいい，当該内国法人の業務執行役員又は当該業務執行役員と政令で定める特殊の関係のある者がその委員になっているものを除きます。）が決定をしていることその他これに準ずる適正な手続として政令で定める手続を経ていること。
　③ <u>その内容が</u>，②の決定又は手続の終了の日以後遅滞なく，有価証券報告書に記載されていることその他<u>財務省令で定める方法</u>により<u>開示されていること</u>。
(2) 利益に関する指標の数値が確定した後1月以内に支払われ，又は支払われる見込みであること。
(3) 損金経理をしていること。

　この客観的な算定方法の内容の開示とは，業務執行役員の全てについて，当該業務執行役員ごとに次に掲げる事項を開示することをいうこととされています（法基通9－2－19）。
　① その利益連動給与の算定の基礎となる利益に関する指標
　② 支給の限度としている確定額
　③ 客観的な算定方法の内容
　なお，算定方法の内容の開示に当たっては，個々の業務執行役員ごとに算定方法の内容が明らかになるものであれば，同様の算定方法を採る利益連動給与

について包括的に開示することとしていても差し支えないこととされています（法基通9－2－19（注））。

また，役員の個人名の開示を求めるかについては，国税庁から公表された平成19年3月13日付「法人税基本通達等の一部改正について」（法令解釈通達）の法人税基本通達9－2－19《算定方法の内容の開示》の趣旨説明の解説で，「開示の対象はあくまで利益連動給与の算定方法の内容であり，役員の個人名の開示を求めるものではなく，その肩書き別に利益連動給与の算定方法の内容が明らかにされていれば足りることになる。」との考え方が示されています。

なお，上記(1)③の財務省令で定める方法とは，次に掲げる方法とされています（法規22の3③）。

　　イ　金融商品取引法第24条の4の7第1項（四半期報告書の提出）に規定する四半期報告書に記載する方法
　　ロ　金融商品取引法第24条の5第1項（半期報告書及び臨時報告書の提出）に規定する半期報告書に記載する方法
　　ハ　金融商品取引法第24条の5第4項に規定する臨時報告書に記載する方法
　　ニ　金融商品取引所等に関する内閣府令 第63条第2項第3号（認可を要する業務規程に係る事項）に掲げる事項を定めた金融商品取引法第2条第16項（定義）に規定する金融商品取引所の業務規程又はその細則を委ねた規則に規定する方法に基づいて行う当該事項に係る開示による方法

2　本事例の場合

上記1のとおり，業務執行役員のすべてについて，当該業務執行役員ごとに①その利益連動給与の算定の基礎となる利益に関する指標，②支給の限度としている確定額，③客観的な算定方法の内容を開示することになりますが，開示の対象はあくまでも利益連動給与の算定方法の内容であることから，役員の個人名での開示を求めるものではないので，当該肩書き別に利益連動給与の算定方法が明らかにされていればよいものと考えられます。

第Ⅱ部　役員給与

利益連動給与

Q47 報酬委員会がない場合における適正な手続

　当社は製造業を営む3月決算法人の上場法人（非同族会社）です。
　今般，当社では利益連動給与の制度を導入することを検討しています。
　利益連動給与が損金の額に算入されるためには，利益連動給与の算定方法が当該事業年度の利益に関する指標を基礎とした客観的なもので当該事業年度開始の日の属する会計期間開始の日から3月を経過する日までに，報酬委員会が決定をしていることその他これに準ずる適正な手続を経ていることが要件となっているとのことですが，当社は委員会設置会社でないため報酬委員会がありません。また，報酬諮問委員会もありません。
　この場合は，どの決議機関で行うことになりますか。

ANSWER

　株主総会の決議による決定又は貴社が監査役会設置会社である場合には取締役会の決議による決定（監査役の過半数が当該算定方法につき適正であると認められる旨を記載した書面を当該内国法人に対し提出している場合における当該決定に限ります。）によります。

■ 解　説

1　利益連動給与

　内国法人がその役員に対して支給する給与のうち利益連動給与で一定の要件を満たすものは，原則としてこれを支給するその内国法人の各事業年度の所得の金額の計算上，損金の額に算入されることとされています（法法34①三，②）。
　損金の額に算入することができる利益連動給与とは，同族会社に該当しない

内国法人がその業務執行役員(業務を執行する役員として政令で定めるものをいいます。)に対して支給する利益連動給与で次に掲げる要件を満たすもの(他の業務執行役員のすべてに対して次に掲げる要件を満たす利益連動給与を支給する場合に限ります。)をいいます(法法34①三,法令69⑥〜⑩,法規22の3③)。

(1) その算定方法が,当該事業年度の利益に関する指標(金融商品取引法第24条第1項(有価証券報告書の提出)に規定する有価証券報告書(③において「有価証券報告書」といいます。)に記載されるものに限ります。)を基礎とした客観的なもの(次に掲げる要件を満たすものに限ります。)であること。

① 確定額を限度としているものであり,かつ,他の業務執行役員に対して支給する利益連動給与に係る算定方法と同様のものであること。

② 当該事業年度開始の日の属する会計期間開始の日から3月を経過する日(保険会社にあっては,当該会計期間開始の日から4月を経過する日)までに,報酬委員会(会社法第404条第3項(委員会の権限等)の報酬委員会をいい,当該内国法人の業務執行役員又は当該業務執行役員と政令で定める特殊の関係のある者がその委員になっているものを除きます。)が決定をしていることその他これに準ずる適正な手続として政令で定める手続を経ていること。

③ その内容が,②の決定又は手続の終了の日以後遅滞なく,有価証券報告書に記載されていることその他財務省令で定める方法により開示されていること。

(2) 利益に関する指標の数値が確定した後1月以内に支払われ,又は支払われる見込みであること。

(3) 損金経理をしていること。

この(1)②の政令で定める手続とは,次に掲げるものとされています(法令69⑨)。

① 内国法人(委員会設置会社を除きます。)の株主総会の決議による決定

② 内国法人(委員会設置会社を除きます。)の報酬諮問委員会(取締役会の諮問に応じ,当該内国法人の業務執行役員の個人別の給与の内容を調査審議し,及びこれに関し必要と認める意見を取締役会に述べることができる3以上の外部の

第Ⅱ部　役員給与

委員から構成される合議体（その委員の過半数が当該内国法人の取締役，執行役，使用人となったことがない者に限ります。）をいい，当該内国法人の当該業務執行役員及び当該業務執行役員と特殊の関係のある者（以下「業務執行役員関連者」という。）が委員となっているものを除きます。）に対する諮問その他の手続を経た取締役会の決議による決定

③　内国法人が監査役会設置会社（業務執行役員関連者が監査役になっている会社を除きます。）である場合の取締役会の決議による決定（監査役の過半数が当該算定方法につき適正であると認められる旨を記載した書面を当該内国法人に対し提出している場合における当該決定に限ります。）

④　①から③に掲げる手続に準ずる手続

2　本事例の場合

上記1のとおり，株主総会の決議による決定又は貴社が監査役会設置会社である場合には取締役会の決議による決定（監査役の過半数が当該算定方法につき適正であると認められる旨を記載した書面を当該内国法人に対し提出している場合における当該決定に限ります。）によります。

利益連動給与

Q48 利益に関する指標の数値が確定した時期

当社は卸売業を営む3月決算法人の上場法人（非同族会社）です。

今般，当社では利益連動給与の制度を導入することを検討しています。

利益連動給与が損金の額に算入されるためには利益に関する指標の数値が確定した後1月以内に支払われ，又は支払われる見込みであることがその要件とのことですが，「利益に関する指標の数値が確定した」ときとは，いつをいいますか。

ANSWER

利益に関する指標の数値が確定したときとは，法人が会社法第438条第2項《計算書類等の定時株主総会への提出等》の規定により定時株主総会において計算書類の承認を受けたときをいうこととされています。

なお，法人が同法第439条《会計監査人設置会社の特則》の規定の適用を受ける場合には，取締役が計算書類の内容を定時株主総会へ報告したときとされています。

解説

1 利益連動給与

内国法人がその役員に対して支給する給与のうち利益連動給与で一定の要件を満たすものは，原則としてこれを支給するその内国法人の各事業年度の所得の金額の計算上，損金の額に算入されることとされています（法法34①三，②）。

損金の額に算入することができる利益連動給与とは，同族会社に該当しない内国法人がその業務執行役員（業務を執行する役員として政令で定めるものをいいま

第Ⅱ部 役員給与

す。) に対して支給する利益連動給与で次に掲げる要件を満たすもの（他の業務執行役員のすべてに対して次に掲げる要件を満たす利益連動給与を支給する場合に限ります。) をいいます（法法34①三，法令69⑥～⑩，法規22の3③）。

(1) その算定方法が，当該事業年度の利益に関する指標（金融商品取引法第24条第1項（有価証券報告書の提出）に規定する有価証券報告書（③において「有価証券報告書」といいます。) に記載されるものに限ります。) を基礎とした客観的なもの（次に掲げる要件を満たすものに限ります。) であること。

   ① 確定額を限度としているものであり，かつ，他の業務執行役員に対して支給する利益連動給与に係る算定方法と同様のものであること。

   ② 当該事業年度開始の日の属する会計期間開始の日から3月を経過する日（保険会社にあっては，当該会計期間開始の日から4月を経過する日）までに，報酬委員会（会社法第404条第3項（委員会の権限等）の報酬委員会をいい，当該内国法人の業務執行役員又は当該業務執行役員と政令で定める特殊の関係のある者がその委員になっているものを除きます。) が決定をしていることその他これに準ずる適正な手続として政令で定める手続を経ていること。

   ③ その内容が，②の決定又は手続の終了の日以後遅滞なく，有価証券報告書に記載されていることその他財務省令で定める方法により開示されていること。

(2) <u>利益に関する指標の数値が確定した</u>後1月以内に支払われ，又は支払われる見込みであること。

(3) 損金経理をしていること。

この利益に関する指標の数値が確定したときとは，法人が会社法第438条第2項《計算書類等の定時株主総会への提出等》の規定により定時株主総会において計算書類の承認を受けたときをいうこととされています（法基通9－2－20）。

なお，法人が同法第439条《会計監査人設置会社の特則》の規定の適用を受ける場合には，取締役が計算書類の内容を定時株主総会へ報告したときとされ

ています（法基通9－2－20（注））。

2 本事例の場合

　上記1のとおり，利益に関する指標の数値が確定したときとは，法人が会社法第438条第2項《計算書類等の定時株主総会への提出等》の規定により定時株主総会において計算書類の承認を受けたときをいうこととされています。

　なお，法人が同法第439条《会計監査人設置会社の特則》の規定の適用を受ける場合には，取締役が計算書類の内容を定時株主総会へ報告したときとされています。

第Ⅱ部 役員給与

役員退職金

Q49 事業年度の中途において取締役会の決議に基づき役員退職金を支払い損金経理した場合

当社は卸売業を営む3月決算法人です。

当社の常務取締役甲は，病気のため平成24年10月31日をもって退職しました。

当社は甲に対して，取締役会の決議により役員退職金規定に基づき退職金として2,500万円を支給することにし退職日に甲に支払い役員退職金として損金経理を行いました。

なお，当社の甲に対する退職金については，翌年の平成25年6月25日に行われる定時株主総会で承認を受ける予定です。

この場合にこの甲に対する役員退職金2,500万円の損金算入時期は定時株主総会の決議により承認される翌期の損金となりますか。

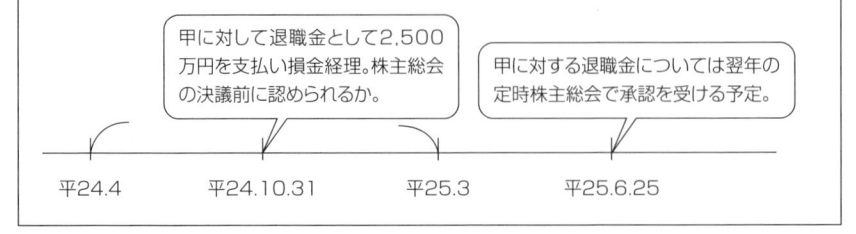

```
         甲に対して退職金として2,500
         万円を支払い損金経理。株主総会     甲に対する退職金については翌年の
         の決議前に認められるか。          定時株主総会で承認を受ける予定。
                 ↓                              ↓
─────────┼──────────┼──────────┼──────────┼─────
 平24.4      平24.10.31      平25.3         平25.6.25
```

ANSWER

甲に対する役員退職金については，貴社が甲に退職金を支払った日にその支払った額につき損金経理をしていることから，平成25年3月期の損金になるものと考えられます。

解説

1 取締役の報酬等に関する会社法の規定

取締役の報酬，賞与その他の職務執行の対価として株式会社から受ける財産上の利益（以下「報酬等」といいます。）についての次に掲げる事項は，定款に当該事項を定めていないときは，株主総会の決議によって定めることとされています（会社法361①）。

(1) 報酬等のうち額が確定しているものについては，その額
(2) 報酬等のうち額が確定していないものについては，その具体的な算定方法
(3) 報酬等のうち金銭でないものについては，その具体的な内容

取締役の報酬等の額の決定について，取締役会ではなく定款又は株主総会決議を要するのは，いわゆるお手盛りを防止するためとされています。

役員退職金が報酬に含まれるかについて，判例は，役員退職金が報酬に含まれるかについては，株式会社の役員に対する退職慰労金は，その在職中における職務執行の対価として支給されるものである限り，商法第280条，同第269条にいう報酬に含まれる（最判昭39.12.11）とされています。

また，役員に対する退職慰労金支給について，無条件に取締役会の決定に一任することは許されませんが，判例は，金額，支給期日，支払方法を取締役会に一任するとの株主総会決議をした場合でも，当該会社において慣例となっている一定の支給基準によって支給すべき趣旨であるときは，商法第269条の趣旨に反して無効であるということはできない（最判昭39.12.11）とされています。

2 役員に対する退職給与の損金算入の時期

退職した役員に対する退職給与の額の損金算入の時期は，株主総会の決議等によりその額が具体的に確定した日の属する事業年度とされています（法基通9－2－28）。

この株主総会の決議等には，株主総会，社員総会その他これに準ずるものの

決議又はその委任を受けた取締役会の決議をいうものと考えられます。

ただし，法人がその退職給与の額を支払った日の属する事業年度においてその支払った額につき損金経理をした場合には，これを認めることとされています（法基通9－2－28）。

すなわち，役員に対する退職給与の額の損金算入の時期は，原則として，株主総会の決議等によりその額が具体的に確定した日の属する事業年度となりますが，法人がその退職給与の額を支払った日の属する事業年度においてその支払った額につき損金経理をした場合には，これを認めるというものです。

これにより，役員が事業年度の途中において，病気又は死亡等により退職することになり取締役会で役員退職給与規程等に基づいて退職金を支払いこれを損金経理をした場合には，この処理は認められることになります。

3 本事例の場合

上記2のとおり，貴社が支給した甲に対する退職金について，貴社が甲に退職金を支払った平成24年10月31日にその支払った額につき損金経理をしていることから，平成25年3月期の損金の額に算入されるものと考えられます。

役員退職金

Q50 代表取締役が非常勤の取締役になった場合に支給した退職金

　当社は，卸売業を営む3月決算法人です。

　当社の代表取締役甲は平成24年5月25日の定時株主総会で退任し非常勤の取締役に就任し，甲の長男である専務取締役乙が新社長に就任しました。

　甲の非常勤役員としての報酬は代表取締役時代の40％程度となっています。

　その際，当社は甲に対して代表取締役としての退職金3,000万円を支給し損金経理を行いましたが，平成25年3月期の損金の額に算入されますか。

　なお，甲は非常勤の取締役に就任後も毎月開催される取締役会に出席するほか，新社長が息子ということもあり，幹部社員の昇格等の人事や経営上の重要な事項についても指示しているなど経営上主要な地位を占めています。

　また，甲の退職金は業務に従事した期間，その退職の事情，その内国法人と同種の事業を営む法人でその事業規模が類似するものの役員に対する退職給与の支給の状況等に照らし，過大退職金とはならないものとします。

　なお，当社は甲に対する退職金について事前確定届出給与の届出はしておりません。

```
代表取締役甲が非常勤取締役
就任。その際、退職金3,000万
円を支給。損金算入できるか。
```

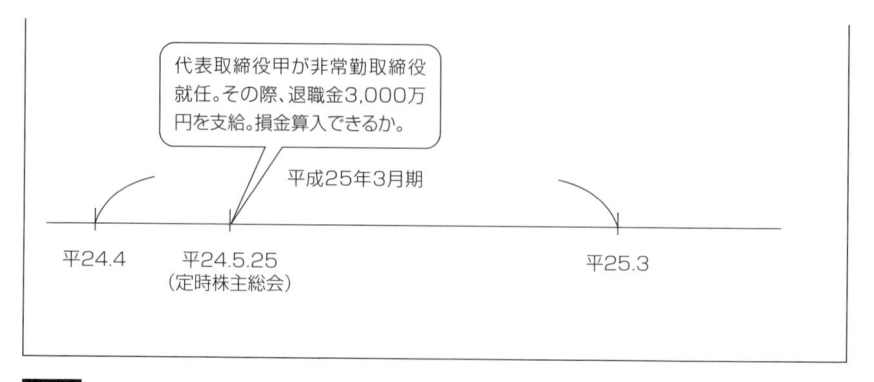

```
         平成25年3月期
├────────┼──────────────┤
平24.4  平24.5.25        平25.3
       (定時株主総会)
```

ANSWER

　甲は代表取締役から非常勤の取締役になっており，給与についても40％程度となっていますが，甲は非常勤の取締役に就任後も幹部社員の昇格等の人事や経営上の重要な事項についても指示しているなど貴社の経営上主要な地位を占めていることから，その分掌変更等によりその役員としての地位又は職務の内容が激変し，実質的に退職したとはいえないので，貴社が代表取締役甲に対して支給した退職金3,000万円は，役員給与（賞与）となるものと考えられます。

　なお，この役員給与は，定期同額給与又は事前確定届出給与のいずれにも該当しないので，損金の額に算入されないものと考えられます。

解説

1　役員の分掌変更等の場合の退職給与

　法人が役員の分掌変更又は改選による再任等に際しその役員に対し退職給与として支給した給与については，その支給が，例えば，次に掲げるような事実があったことによるものであるなど，その分掌変更等によりその役員としての地位又は職務の内容が激変し，<u>実質的に退職したと同様の事情にあると認められること</u>によるものである場合には，これを退職給与として取り扱うことができることとされています（法基通9－2－32）。

(1)　常勤役員が非常勤役員（常時勤務していないものであっても代表権を有する者

及び代表権は有しないが実質的に<u>その法人の経営上主要な地位を占めていると認められる者を除く。</u>）になったこと。
(2) 取締役が監査役（監査役でありながら実質的にその法人の経営上主要な地位を占めていると認められる者及びその法人の株主等で法令第71条第1項第5号《使用人兼務役員とされない役員》に掲げる要件の全てを満たしている者を除く。）になったこと。
(3) 分掌変更等の後におけるその役員（その分掌変更時の後においても<u>その法人の経営上主要な地位を占めていると認められる者を除く。</u>）の給与が激減（おおむね50％以上の減少）したこと。

なお、本文の「退職給与として支給した給与」には、原則として、法人が未払金等に計上した場合の当該未払金等の額は含まれないこととされています（法基通9－2－32（注））。

2 本事例の場合

代表取締役甲は非常勤の取締役になっており、給与についても40％程度となっていますが、甲は非常勤の取締役に就任後も幹部社員の昇格等の人事や経営上の重要な事項について指示しているなど貴社の経営上主要な地位を占めていることから、その分掌変更等によりその役員としての地位又は職務の内容が激変し、実質的に退職したとはいえないので、貴社が代表取締役甲に対して支給した退職金3,000万円は、役員給与（賞与）となるものと考えられます。

なお、この役員給与は、定期同額給与又は事前確定届出給与のいずれにも該当しないので、損金の額に算入されないものと考えられます。

3 申告調整

貴社は甲に対して代表取締役としての退職金3,000万円を支給しましたが、甲は実質的に退職したとはいえないので、貴社が甲に対して支給した退職金3,000万円は役員給与（賞与）となるものと考えられます。

なお、この役員給与（賞与）は、定期同額給与又は事前確定届出給与のいず

第Ⅱ部　役員給与

れにも該当しないため，損金の額に算入されませんので申告調整で加算することになります。

《平成25年3月期》

【会社経理】

　　（借）役員退職金　30,000,000　　（貸）現　預　金　30,000,000
　　　（注）源泉所得税の処理は省略しています。

【申告調整】

所得の金額の計算に関する明細書（簡易様式）		事業年度	24・4・1 25・3・31	法人名	○　○　社		別表四（簡易様式）
区　分		総　額	処　　　　分				
			留　保	社　外　流　出			
		①	②	③			
当期利益又は当期欠損の額	1	円	円	配当	円		
				その他			
加	損金の額に算入した法人税（附帯税を除く。）	2					
	損金の額に算入した道府県民税（利子割額を除く。）及び市町村民税	3					
	損金の額に算入した道府県民税利子割額	4					
	損金の額に算入した納税充当金	5					
	損金の額に算入した附帯税（利子税を除く。），加算金、延滞金（延納分を除く。）及び過怠税	6			その他		
	減価償却の償却超過額	7					
	役員給与の損金不算入額	8	30,000,000		その他	30,000,000	
	交際費等の損金不算入額	9			その他		
算		10					
		11					
		12					
	小　計	13					

役員退職金

Q51 代表取締役が監査役になった場合に支給した退職金

　当社は，製造業を営む3月決算法人の同族会社です。

　当社の代表取締役甲は高齢のため平成24年5月25日の定時株主総会で退任し監査役に就任し，息子の専務取締役乙が代表取締役となりました。

　甲の監査役としての報酬は代表取締役時代の40％程度となっています。

　その際，当社は甲に対して代表取締役としての退職金3,000万円を支給しましたが，平成25年3月期の損金の額に算入されますか。

　また，甲は監査役に就任後も新社長が息子ということもあり，幹部社員の昇格等の人事や経営上の重要な事項についても指示しているなど経営上主要な地位を占めています。

　なお，甲の退職金は業務に従事した期間，その退職の事情，その内国法人と同種の事業を営む法人でその事業規模が類似するものの役員に対する退職給与の支給の状況等に照らし，過大退職金とはならないものとします。

　また，当社は甲に対する退職金について事前確定届出給与の届出はしておりません。

（定時株主総会前）

	続柄	持株割合
代表取締役甲	本人	70%
専務取締役乙	甲の長男	10%
常務取締役丙	甲の配偶者	20%

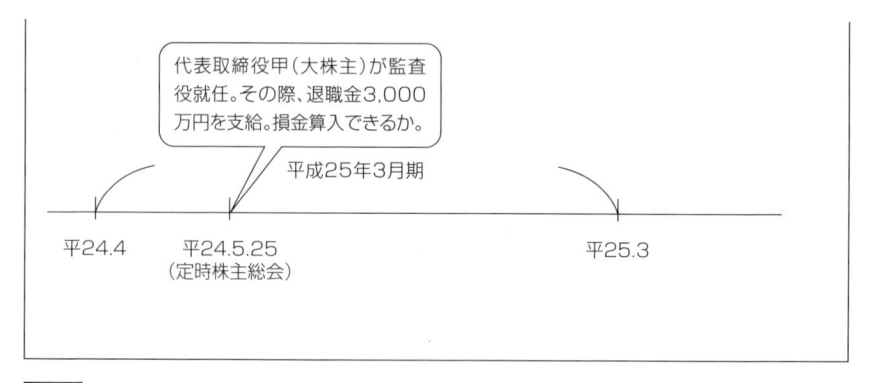

```
                  ┌─────────────────┐
                  │代表取締役甲(大株主)が監査│
                  │役就任。その際、退職金3,000│
                  │万円を支給。損金算入できるか。│
                  └────────┬────────┘
                           │ 平成25年3月期
    ├─────────┬─────────────────────┤
  平24.4    平24.5.25                平25.3
         (定時株主総会)
```

ANSWER

　甲は代表取締役から監査役になっており，給与についても40％程度となっていますが，甲は監査役に就任後も貴社の幹部社員の昇格等の人事や経営上の重要な事項についても指示しているなど経営上主要な地位を占めていること及び貴社の株主等で使用人兼務役員とされない役員に掲げる要件のすべてを満たしていることから，実質的に退職したとはいえないので，貴社が甲に対して支給した退職金3,000万円は役員給与（賞与）となるものと考えられます。

　なお，この役員給与（賞与）は，定期同額給与又は事前確定届出給与のいずれにも該当しないので，損金の額に算入されないことになるものと考えられます。

解説

1　役員の分掌変更等の場合の退職給与

　法人が役員の分掌変更又は改選による再任等に際しその役員に対し退職給与として支給した給与については，その支給が，例えば，次に掲げるような事実があったことによるものであるなど，その分掌変更等によりその役員としての地位又は職務の内容が激変し，実質的に退職したと同様の事情にあると認められることによるものである場合には，これを退職給与として取り扱うことができることとされています（法基通9－2－32）。

(1)　常勤役員が非常勤役員（常時勤務していないものであっても代表権を有する者及び代表権は有しないが実質的にその法人の経営上主要な地位を占めていると認められる者を除く。）になったこと。

　(2)　取締役が監査役（監査役でありながら実質的に<u>その法人の経営上主要な地位を占めていると認められる者及びその法人の株主等で法令第71条第1項第5号《使用人兼務役員とされない役員》に掲げる要件の全てを満たしている者を除く</u>。）になったこと。

　(3)　分掌変更時の後におけるその役員（その分掌変更時の後においてもその法人の経営上主要な地位を占めていると認められる者を除く。）の給与が激減（おおむね50％以上の減少）したこと。

　なお，本文の「退職給与として支給した給与」には，原則として，法人が未払金等に計上した場合の当該未払金等の額は含まれないこととされています（法基通9－2－32（注））。

2　使用人兼務役員とされない役員

　上記1(2)のその法人の株主等で法人税法施行令第71条第1項第5号《使用人兼務役員とされない役員》に掲げる要件のすべてを満たしている者とは，同族会社の役員のうち次に掲げる要件の<u>すべてを満たしている者</u>をいいます。

　　①　当該会社の株主グループにつきその所有割合が最も大きいものから順次その順位を付し，その第1順位の株主グループ（同順位の株主グループが2以上ある場合には，そのすべての株主グループ。以下①において同じ。）の所有割合を算定し，又はこれに順次第2順位及び第3順位の株主グループの所有割合を加算した場合において，当該役員が次に掲げる株主グループのいずれかに属していること。

　　　イ　第1順位の株主グループの所有割合が100分の50を超える場合における当該株主グループ

　　　ロ　第1順位及び第2順位の株主グループの所有割合を合計した場合にその所有割合がはじめて100分の50を超えるときにおけるこれらの株主

第Ⅱ部 役員給与

　　　グループ
　　ハ　第1順位から第3順位までの株主グループの所有割合を合計した場合にその所有割合がはじめて100分の50を超えるときにおけるこれらの株主グループ
　　②　当該役員の属する株主グループの当該会社に係る所有割合が100分の10を超えていること。
　　③　当該役員（その配偶者及びこれらの者の所有割合が100分の50を超える場合におけるほかの会社を含みます。）の当該会社に係る所有割合が100分の5を超えていること。

　したがって、本事例の甲の場合は、甲が貴社株式を70％、配偶者丙が20％、長男である乙が10％所有していることから、第1順位の甲株主グループで貴社の株式を100％所有していること、また、甲の貴社の株式の所有割合も配偶者丙と合計すると90％となっていることから、上記①から③のすべての要件を満たしていることになります。

3　本事例の場合

　上記**1**及び**2**のとおり、甲は代表取締役から監査役になっており、給与についても40％程度となっていますが、甲は監査役に就任後も貴社の幹部社員の昇格等の人事や経営上の重要な事項についても指示しているなど経営上主要な地位を占めていること及び貴社の株主等で使用人兼務役員とされない役員に掲げる要件のすべてを満たしていることから、実質的に退職したとはいえないので、貴社が甲に対して支給した退職金3,000万円は役員給与（賞与）となるものと考えられます。

　なお、この役員給与（賞与）は、定期同額給与又は事前確定届出給与のいずれにも該当しないので、損金の額に算入されないことになるものと考えられます。

4 申告調整

貴社は甲に対して代表取締役としての退職金3,000万円を支給しましたが,甲は実質的に退職したとはいえないで,貴社が甲に対して支給した退職金3,000万円は役員給与(賞与)となるものと考えられます。

なお,この役員給与(賞与)は,定期同額給与又は事前確定届出給与のいずれにも該当しないため,損金の額に算入されませんので申告調整で加算することになります。

《平成25年3月期》

【会社経理】

(借)役員退職金　30,000,000　　(貸)現　預　金　30,000,000
　　(注)源泉所得税の処理は省略しています。

【申告調整】

所得の金額の計算に関する明細書(簡易様式)　事業年度 24・4・1〜25・3・31　法人名 ○○社　別表四(簡易様式)

区　分		総　額 ①	処分 留保 ②	分 社外流出 ③	
当期利益又は当期欠損の額	1	円	円	配当	円
				その他	
加算	損金の額に算入した法人税(附帯税を除く。)	2			
	損金の額に算入した道府県民税(利子割を除く。)及び市町村民税	3			
	損金の額に算入した道府県民税利子割額	4			
	損金の額に算入した納税充当金	5			
	損金の額に算入した附帯税(利子税を除く。),加算金、延滞金(延納分を除く。)及び過怠税	6			その他
	減価償却の償却超過額	7			
	役員給与の損金不算入額	8	30,000,000		その他	30,000,000
	交際費等の損金不算入額	9			その他	
		10				
		11				
		12				
	小　計	13				

第Ⅱ部　役員給与

役員退職金

Q52 使用人が役員となった場合の退職給与

当社は，卸売業を営む３月決算法人です。

当社の総務部長甲は平成24年５月25日の定時株主総会で，取締役総務部長に選任されました。

その際，当社は甲に対して退職給与規程に基づき使用人としての退職金2,000万円を支給することにし退職金として損金経理を行いましたが，平成25年３月期の損金の額に算入されますか。

なお，当該退職金については，甲が役員を退任するときに支給することにしましたので，平成25年３月期は未払となっています。

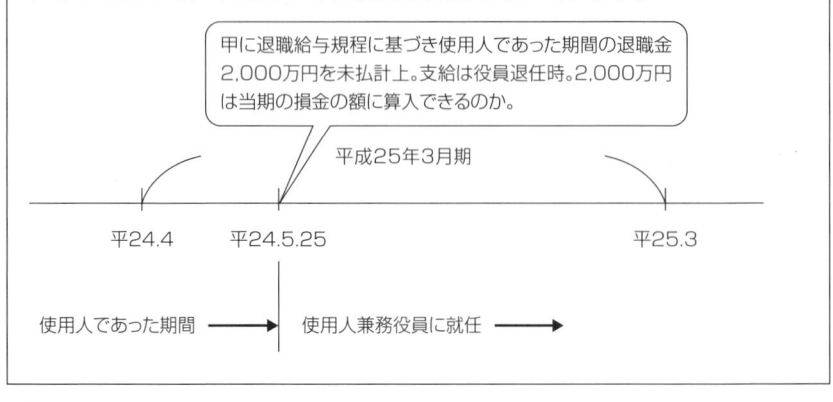

> 甲に退職給与規程に基づき使用人であった期間の退職金2,000万円を未払計上。支給は役員退任時。2,000万円は当期の損金の額に算入できるのか。

平成25年３月期

平24.4　　平24.5.25　　　　　　　　　平25.3

使用人であった期間　→　使用人兼務役員に就任　→

ANSWER

甲が使用人から貴社の役員となった場合において，貴社がその定める退職給与規程に基づき甲に対してその役員となったときに使用人であった期間に係る退職給与として計算される金額を支給したときは，その支給した金額は，退職給与としてその支給をした日の属する事業年度の損金の額に算入されるので，

平成25年3月期は未払のため損金の額に算入されないものと考えられます。

解説

1 使用人が役員となった場合の退職給与

法人の使用人がその法人の役員となった場合において、当該法人がその定める退職給与規程に基づき当該役員に対してその役員となったときに使用人であった期間に係る退職給与として計算される金額を支給したときは、その支給した金額は、退職給与としてその支給をした日の属する事業年度の損金の額に算入することとされています（法基通9－2－36）。

また、この場合の打切支給には、法人が退職給与を打切支給したとしてこれを未払金等に計上した場合は含まないこととされています（法基通9－2－36（注））。

使用人が役員になった場合には、法律上は従来の雇用関係から委任関係になるので、使用人の地位を退職し、役員に改めて就任することになります。

そのため、この通達は使用人であった期間の退職金を支給した場合にはこれを認めることにしたものと考えられます。

退職給与を打切支給したとしてこれを未払金等に計上した場合は含まないこととされていますが、未払を認めると退職給与引当金を認めることと同じことになるため、未払計上は認められないものと考えられます。

2 本事例の場合

甲が使用人から貴社の役員となった場合において、貴社がその定める退職給与規程に基づき甲に対してその役員となったときに使用人であった期間に係る退職給与として計算される金額を支給したときは、その支給した金額は、退職給与としてその支給をした日の属する事業年度の損金の額に算入されるので、当期は未払のため損金の額に算入されないものと考えられます。

第Ⅱ部　役員給与

3　申告調整

　貴社は甲に対して使用人であった期間の退職金を退職給与規程に基づき2,000万円を支給することにし退職金として損金経理を行いましたが，未払のため平成25年3月期の損金の額に算入されませんので申告調整で加算することになります。

《平成25年3月期》

【会社経理】

　　（借）退職金　20,000,000　　（貸）未払金　20,000,00

【申告調整】

所得の金額の計算に関する明細書（簡易様式）		事業年度 24・4・1 25・3・31	法人名	○　○　社	
区　分		総　額	処　　　分		
			留　保	社　外　流　出	
		①	②	③	
当期利益又は当期欠損の額	1	円	円	配当	円
				その他	
加	損金の額に算入した法人税（附帯税を除く。）	2			
	損金の額に算入した道府県民税（利子割額を除く。）及び市町村民税	3			
	損金の額に算入した道府県民税利子割額	4			
	損金の額に算入した納税充当金	5			
	損金の額に算入した附帯税（利子税を除く。）、加算金、延滞金（延納分を除く。）及び過怠税	6		その他	
	減価償却の償却超過額	7			
	役員給与の損金不算入額	8		その他	
	交際費等の損金不算入額	9		その他	
算	未払退職金否認	10	20,000,000	20,000,000	
		11			
		12			
	小　計	13			

利益積立金額及び資本金等の額の計算に関する明細書

| 事業年度 | 24・4・1 ～ 25・3・31 | 法人名 | ○○社 |

別表五(一)

I　利益積立金額の計算に関する明細書

区　分		期首現在利益積立金額 ①	当期の増減		差引翌期首現在利益積立金額 ①-②+③
			減 ②	増 ③	④
利益準備金	1	円	円	円	円
積立金	2				
未払金	3			20,000,000	20,000,000
	4				
	5				
	6				
	7				
	8				
	9				
	10				

第Ⅱ部　役員給与

役員退職金

Q53 役員が使用人兼務役員に該当しなくなった場合の退職給与

当社は，卸売業を営む3月決算法人です。

当社の取締役経理部長甲は平成24年5月25日の定時株主総会で，常務取締役に選任されました。

その際，当社は甲に対して使用人兼務役員であった期間についての使用人部分の退職金を支給しましたが税務上問題となりますか。

なお，当社は甲に対して甲が経理部長から取締役経理部長になった5年前に退職給与規程に基づき使用人であった期間の退職金2,000万円については既に支給済みです。

また，当社は事前確定届出給与に関する届出書は提出していません。

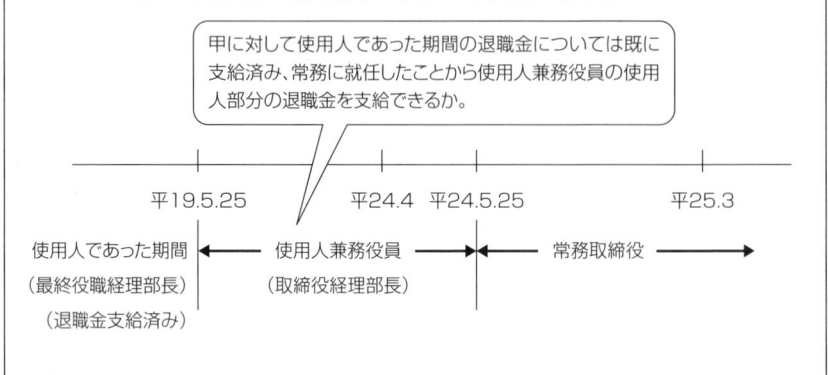

> 甲に対して使用人であった期間の退職金については既に支給済み，常務に就任したことから使用人兼務役員の使用人部分の退職金を支給できるか。

```
         平19.5.25      平24.4 平24.5.25        平25.3
────────────┼──────────────┼──────┼──────────────┼────
 使用人であった期間  │ 使用人兼務役員 │     常務取締役
 （最終役職経理部長）│（取締役経理部長）│
 （退職金支給済み）
```

ANSWER

貴社は甲に対して甲が経理部長から取締役経理部長になった際に使用人としての退職金2,000万円については既に支給済みであることから，使用人兼務役員であった期間についての使用人部分の退職給与は退職金ではなく役員給与

230

（賞与）となるものと考えられます。

なお，当該給与は，定期同額給与又は事前確定届出給与のいずれにも該当しないことから，損金の額に算入されないものと考えられます。

解説

1 役員が使用人兼務役員に該当しなくなった場合の退職給与

使用人兼務役員が常務取締役等になった場合において，その使用人兼務役員であった期間について退職給与として打切支給ができるかという問題がありますが，これについて，税務上は使用人兼務役員であっても役員であることには変わりはなく，常務取締役等になったとしても使用人としての地位を退職というような事実はなく役員としての地位に変動があっただけのことになります。

そのため，使用人兼務役員であった役員が，使用人としての職務を有する役員に該当しないこととなった場合において，その使用人兼務役員であった期間に係る退職給与として支給した金額があるときは，たとえその額がその使用人としての職務に対する退職給与の額として計算されているときであっても，その支給した金額は，当該役員に対する給与（退職給与を除きます。）とされています（法基通9－2－37）。

ただし，その退職給与として支給した給与が次のすべてに該当するときは，その支給した金額は使用人としての退職給与として取り扱うものとされています（法基通9－2－37）。

(1) 当該給与の支給の対象となった者が既往に使用人から使用人兼務役員に昇格した者（その使用人であった期間が相当の期間であるものに限ります。）であり，かつ，当該者に対しその昇格をした時にその使用人であった期間に係る退職給与の支給をしていないこと。

(2) 当該給与の額が，使用人としての退職給与規程に基づき，その使用人であった期間及び使用人兼務役員であった期間を通算してその使用人としての職務に対する退職給与として計算されており，かつ，当該退職給与として相当であると認められる金額であること。

第Ⅱ部　役員給与

　そうすると，貴社は甲に対して甲が経理部長から取締役経理部長になった際に使用人として退職金2,000万円については既に支給済みであることから，使用人兼務役員であった期間についての使用人部分の退職給与は退職金ではなく役員給与（賞与）となるものと考えられます。

2　本事例の場合

　上記1のとおり，貴社は甲に対して甲が経理部長から取締役経理部長になった際に使用人として退職金2,000万円については既に支給済みであることから，使用人兼務役員であった期間についての使用人部分の退職給与は退職金ではなく役員給与（賞与）となるものと考えられます。

　なお，当該給与は，定期同額給与又は事前確定届出給与のいずれにも該当しないことから，損金の額に算入されないものと考えられます。

役員退職金

Q54 使用人から執行役員への就任に伴い退職手当等として支給される一時金

今般，当社は執行役員制度の導入を検討しています。

当社の執行役員制度では，使用人（部長職）から執行役員（取締役ではありません）に就任する場合，雇用契約をいったん解除し，新たに雇用契約を締結することを考えています。

その際，当社は執行役員に対する報酬，福利厚生，服務規律等について役員に準じたものとする予定です。

この場合，当社が執行役員就任時にその就任前の勤続期間に係る退職金を支給する予定ですが，退職給与として損金の額に算入されますか。

なお，当社は委員会設置会社ではなく，また，当社の執行役員はみなし役員には該当しないものとします。

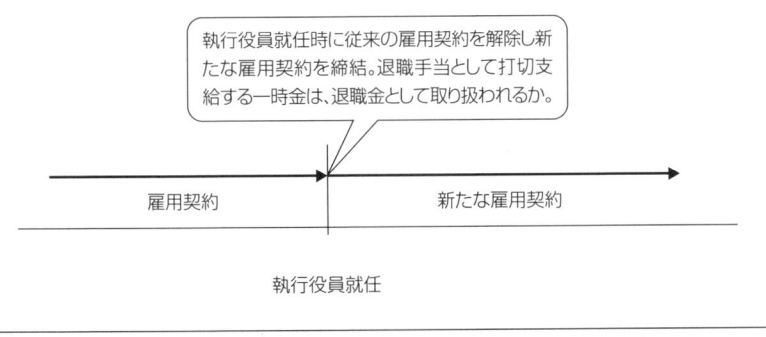

> 執行役員就任時に従来の雇用契約を解除し新たな雇用契約を締結。退職手当として打切支給する一時金は、退職金として取り扱われるか。

雇用契約 → 執行役員就任 → 新たな雇用契約

ANSWER

執行役員との契約関係が雇用契約の場合には，会社との契約関係には変動がありませんので，雇用契約が継続していることになります。

したがって，貴社がその執行役員就任時に支払う退職金は，原則として，給

与（賞与）として取り扱われるもの考えられます。

解説

1　使用人から執行役員への就任に伴い退職手当等として支給される一時金

　使用人から執行役員への就任に伴い退職手当等として支給される一時金の所得税法上の取扱いについて，次のように定められています。

　使用人（職制上使用人としての地位のみを有する者に限ります。）からいわゆる執行役員に就任した者に対しその就任前の勤続期間に係る退職手当等として一時に支払われる給与（当該給与が支払われた後に支払われる退職手当等の計算上当該給与の計算の基礎となった勤続期間を一切加味しない条件の下に支払われるものに限ります。）のうち，例えば，次のいずれにも該当する執行役員制度の下で支払われるものは，退職手当等に該当するものとされています（所基通30－2の2）。

(1)　執行役員との契約は，委任契約又はこれに類するもの（雇用契約又はこれに類するものは含まない。）であり，かつ，執行役員退任後の使用人としての再雇用が保障されているものではないこと

(2)　執行役員に対する報酬，福利厚生，服務規律等は役員に準じたものであり，執行役員は，その任務に反する行為又は執行役員に関する規程に反する行為により使用者に生じた損害について賠償する責任を負うこと

　なお，上記例示以外の執行役員制度の下で支払われるものであっても，個々の事例の内容から判断して，使用人から執行役員への就任につき，勤務関係の性質，内容，労働条件等において重大な変動があって，形式的には継続している勤務関係が実質的には単なる従前の勤務関係の延長とはみられないなどの特別の事実関係があると認められる場合には，退職手当等に該当することとされています（所基通30－2の2（注））。

　国税庁から公表された平成19年12月5日付所得税基本通達30－2の2《使用人から執行役員への就任に伴い退職手当等として支給される一時金》の取扱いについて（情報）の解説によれば退職所得について「所得税法上，退職所得とは，「退職手当，一時恩給その他の退職により一時に受ける給与及びこれらの性質

を有する給与に係る所得をいう。」とされている（所法30①）。ここでいう「これらの性質を有する給与」について，判例は，「勤務関係の性質，内容，労働条件等において重大な変動があって，形式的には継続している勤務関係が実質的には単なる従前の勤務関係の延長とはみられないなどの特別の事実関係があることを要するものと解すべき」（最高裁第三小法廷昭和58年12月6日判決）としている。」と説明されています。

また，同解説によれば「執行役員制度とは，取締役会の担う①業務執行の意思決定と②取締役の職務執行の監督，及び代表取締役等の担う③業務の執行のうち，この③業務の執行を「執行役員」が担当するというものである。導入の趣旨は，取締役会の活性化と意思決定の迅速化という経営の効率化，あるいは監督機能の強化を図るというもので，取締役会の改革の一環とされている。もっとも，この「執行役員制度」あるいは「執行役員」については，法令上にその設置の根拠がなく導入企業によって任意に制度設計ができることから，当該執行役員の位置付けは，役員に準じたものとされているものや使用人の最上級職とされるものなど区々となっている。そこで，使用人から執行役員への就任時に退職手当等として支給される一時金が退職所得に該当するか否かは，個々の執行役員制度に応じて，その使用人から執行役員への就任について，最高裁判決でいう「特別の事実関係」があるか否かによって判断することとなる」が，当該通達の要件のいずれも満たす場合には，単なる従前の勤務関係の延長ではなく，その使用人から執行役員への就任について「特別の事実関係」があると認められることから，打切支給される退職給与については，税務上も退職給与として取り扱うものと考えられます。

以上のように使用人から執行役員への就任に伴い退職手当等として支給される一時金については所得税基本通達30－2の2に定める要件に該当するものは，退職給与として取り扱われることから，法人税法においても同様に退職給与として取り扱われるものと考えられます。

2 本事例の場合

本事例の場合、執行役員との契約関係が雇用契約の場合、会社との契約関係には変動がないので、雇用契約が継続していることになります。

したがって、貴社がその執行役員就任時に支払う退職金は、原則として、給与（賞与）として取り扱われるもの考えられます。

出向・転籍

Q55 出向先法人が負担する給与負担金

当社の営業課長甲は，子会社であるA社に対する経営指導を目的に営業部長として出向しています。

甲に対する給与は当社が直接甲に毎月60万円（年間720万円）支払い，A社はそれに対して毎月60万円（年間720万円）を給与負担金として当社に支出することを考えていますが，A社が負担する給与負担金は税務上どのように取り扱われますか。

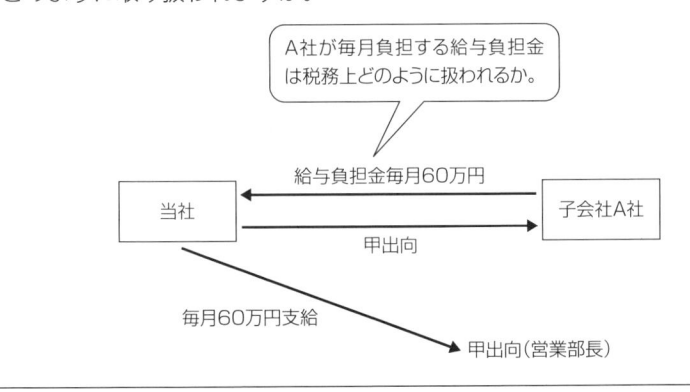

```
                A社が毎月負担する給与負担金
                は税務上どのように扱われるか。

              ← 給与負担金毎月60万円
   ┌──────┐                      ┌──────┐
   │ 当社 │                      │子会社A社│
   └──────┘      甲出向           └──────┘
       毎月60万円支給
              → 甲出向（営業部長）
```

ANSWER

貴社の使用人甲が子会社A社に出向した場合において，出向者甲に対する給与を出向元法人である貴社が支給することとしているため，出向先法人A社が給与負担金を出向元法人である貴社に支出したときは，当該給与負担金の額は，出向先法人A社におけるその出向者甲に対する給与として取り扱うものと考えられます。

第Ⅱ部　役員給与

■解説

1　出向者が負担する給与負担金に係る法人税法上の取扱い

　法人の使用人が他の法人に出向した場合において，その出向した使用人（以下「出向者」といいます。）に対する給与を出向元法人（出向者を出向させている法人をいいます。以下同じ。）が支給することとしているため，出向先法人（出向元法人から出向者の出向を受けている法人をいう。以下同じ。）が自己の負担すべき給与（退職給与を除きます。）に相当する金額（以下「給与負担金」といいます。）を出向元法人に支出したときは，当該給与負担金の額は，出向先法人におけるその出向者に対する給与（退職給与を除きます。）として取り扱うものとされています（法基通9－2－45）。

　また，この取扱いは，出向先法人が実質的に給与負担金の性質を有する金額を経営指導料等の名義で支出する場合にも適用があることとされています（法基通9－2－45（注1））。

　なお，出向者が出向先法人において役員となっている場合の給与負担金の取扱いについては，法基通9－2－46《出向先法人が支出する給与負担金に係る役員給与の取扱い》によることとされています（法基通9－2－45（注2））。

2　源泉所得税の取扱い及び消費税法上の取扱い

　使用者が自己の役員又は使用人を他の者のもとに派遣した場合において，その派遣先が当該役員又は使用人に対して支払う給与等の一切を当該使用者に支払い，当該使用者から当該役員又は使用人に対して給与等を支払うこととしているときは，その派遣先が当該使用者に支払う給与等に相当する金額については源泉徴収を要しないものとされています（所基通183～193共－3）。

　また，事業者の使用人が他の事業者に出向した場合において，その出向した使用人に対する給与を出向元事業者（出向者を出向させている事業者をいう。）が支給することとしているため，出向先事業者（出向元事業者から出向者の出向を受けている事業者をいう。）が自己の負担すべき給与に相当する金額を出向元事業者

に支出したときは，当該給与負担金の額は，当該出向先事業者におけるその出向者に対する給与として取り扱うこととされています（消基通5－5－10）。

　この取扱いは，出向先事業者が実質的に給与負担金の性質を有する金額を経営指導料等の名義で支出する場合にも適用することとされています（消基通5－5－10（注））。

3　本事例の場合

　上記**1**及び**2**のとおり，貴社の使用人甲が子会社A社に出向した場合において，出向者甲に対する給与を出向元法人である貴社が支給することとしているため，出向先法人A社が給与負担金を出向元法人である貴社に支出したときは，当該給与負担金の額は，出向先法人A社におけるその出向者甲に対する給与として取り扱うものと考えられます。

第Ⅱ部　役員給与

出向・転籍

Q56　出向先法人が支出する給与負担金に係る役員給与の取扱い

　当社は親会社A社から出向役員甲を受け入れています。

　甲は親会社では課長（使用人）ですが，当社には常務取締役として出向しています。

　甲の給与については，出向元であるA社から甲に直接に支給（毎月65万円，6月と12月の賞与月90万円年額960万円）しており，当社はA社に対して毎月80万円を給与負担金として支出していますが，その中には報酬の分と賞与の分が含まれていると思いますが，定期同額給与として損金の額に算入されますか。

　なお，当社は甲に係る給与負担金の額につき当該役員に対する給与として当社の株主総会の決議がされており，また，出向契約において甲に係る出向期間及び給与負担金の額があらかじめ定められています。

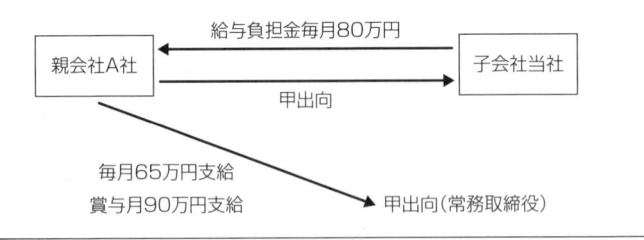

```
                給与負担金毎月80万円
   親会社A社 ←──────────────── 子会社当社
            ────────────────→
                  甲出向

   毎月65万円支給
   賞与月90万円支給 ──→ 甲出向（常務取締役）
```

ANSWER

　貴社がA社に毎月支出している給与負担金が80万円と同額であることから，定期同額給与として損金の額に算入されるものと考えられます。

解説

1　出向先法人が支出する給与負担金に係る役員給与の取扱い

　平成18年度の税制改正以前において，出向役員に係る給与負担金については，次のとおり，出向元法人における支給形態に応じて出向先法人における報酬，役員賞与と判断されていました。

　出向者が出向先法人において役員となっている場合において，出向先法人が支出した当該役員に係る給与負担金の額が報酬と賞与のいずれかに該当するかは，次の場合に応じてそれぞれ次によることとされていました（旧法基通9－2－34）。

(1) 当該給与負担金の額が出向元法人が当該出向者に給与を支給する都度その支給額の範囲内で支出されるものである場合

　　出向元法人の支給する給与が定期の給与か臨時の給与かの別による。

(2) 当該給与負担金の額が一定期間内に出向元法人が当該出向者に支給する給与の合計額を基礎としてその範囲内で毎月又は一括して支出されるものである場合

　　当該給与負担金の額のうち出向元法人が当該期間内に当該出向者に支給した定期の給与の額に達するまでの金額は報酬とし，これを超える部分の金額は賞与となる。

　ところが，平成18年度の税制改正において，定期同額給与か事前確定届出給与かの区分は次のように出向先法人における給与負担金の支出状況に応じて判断することとなりました。

　出向者が出向先法人において役員となっている場合において，次のいずれにも該当するときは，<u>出向先法人が支出する当該役員に係る給与負担金の支出を出向先法人における当該役員に対する給与の支給として，法第34条《役員給与の損金不算入》の規定が適用される</u>こととされています（法基通9－2－46）。

(1) 当該役員に係る給与負担金の額につき当該役員に対する給与として出向

先法人の株主総会，社員総会又はこれらに準ずるものの決議がされていること。
(2) 出向契約等において当該出向者に係る出向期間及び給与負担金の額があらかじめ定められていること。

また，本文の取扱いの適用を受ける給与負担金についての同条第1項第2号《事前確定届出給与》に規定する届出は，出向先法人がその納税地の所轄税務署長にその出向契約等に基づき支出する給与負担金に係る定めの内容について行うこととされています（法基通9－2－46（注）1）。

なお，出向先法人が給与負担金として支出した金額が出向元法人が当該出向者に支給する給与の額を超える場合のその超える部分の金額については，出向先法人にとって給与負担金としての性格はないこととされています（法基通9－2－46（注）2）。

2　本事例の場合

上記1のとおり，出向者甲が出向先法人である貴社において役員となっている場合において，当該役員に係る給与負担金の額につき当該役員に対する給与として出向先法人である貴社の株主総会の決議がされており，かつ，出向契約等において当該出向者に係る出向期間及び給与負担金の額があらかじめ定められている場合は，当該給与負担金の支出は出向先法人である貴社における当該役員甲に対する給与となるので，出向先法人である貴社がこの要件を満たしていれば出向者甲に係る給与負担金として毎月80万円を出向元であるA社に支出することは定期同額給与に該当し損金の額に算入されるものと考えられます。

出向・転籍

Q57 出向先法人が，出向元法人が給与を支給する都度，給与負担金を支出する場合

　当社は（同族会社）親会社A社から出向役員甲を受け入れています。

　甲はA社では課長（使用人）ですが，当社には常務取締役として出向しています。

　甲の給与については，出向元であるA社から甲に直接に支給（毎月給与として65万円，6月と12月の賞与月に賞与として90万円合計年額960万円）することとし，当社はA社が甲に支給する給与，賞与に充てるため毎月65万円と6月と12月の賞与月には別途90万円を給与負担金としてA社に支出することになりますが，当社がA社に支出する給与負担金の額はどのように取り扱われますか。

　なお，当社は甲に係る給与負担金の額につき当該役員に対する給与として当社の株主総会の決議がされており，また，出向契約において甲に係る出向期間及び給与負担金の額があらかじめ定められています。

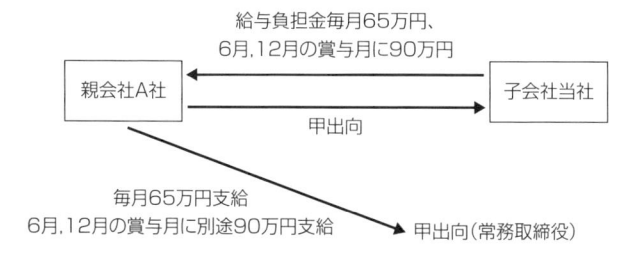

```
                     給与負担金毎月65万円、
                     6月,12月の賞与月に90万円
         ┌─────────┐ ←─────────────── ┌─────────┐
         │ 親会社A社 │                    │ 子会社当社 │
         └─────────┘ ───────────────→ └─────────┘
              │              甲出向
              │ 毎月65万円支給
              │ 6月,12月の賞与月に別途90万円支給
              └──────────────→ 甲出向（常務取締役）
```

第Ⅱ部　役員給与

ANSWER

　貴社は甲に係る給与負担金の額につき当該役員に対する給与として貴社の株主総会の決議がされており，また，出向契約において甲に係る出向期間及び給与負担金の額があらかじめ定められていることから，貴社がA社に支出する甲に係る給与負担金は，甲に対する給与の支給として法人税法第34条《役員給与の損金不算入》の規定が適用されるものと考えられます。

　したがって，貴社がA社に毎月支出する給与負担金の額65万円は，貴社において定期同額給与に該当します。

　また，貴社が6月と12月に支出する給与負担金の額各90万円は事前確定届出給与として，所定の期限内に所轄税務署長に対して事前確定届出給与の届出を行えば損金の額に算入されるものと考えられます。

解説

1　出向先法人が支出する給与負担金に係る役員給与の取扱い

　平成18年度の税制改正以前において，出向役員に係る給与負担金については，次のとおり，出向元法人における支給形態に応じて出向先法人における報酬，役員賞与と判断されていました。

　出向者が出向先法人において役員となっている場合において，出向先法人が支出した当該役員に係る給与負担金の額が報酬と賞与のいずれかに該当するかは，次の場合に応じてそれぞれ次によることとされていました（旧法基通9－2－34）。

　(1)　当該給与負担金の額が出向元法人が当該出向者に給与を支給する都度その支給額の範囲内で支出されるものである場合

　　　出向元法人の支給する給与が定期の給与か臨時の給与かの別による。

　(2)　当該給与負担金の額が一定期間内に出向元法人が当該出向者に支給する給与の合計額を基礎としてその範囲内で毎月又は一括して支出されるものである場合

当該給与負担金の額のうち出向元法人が当該期間内に当該出向者に支給した定期の給与の額に達するまでの金額は報酬とし，これを超える部分の金額は賞与となる。

ところが，平成18年度の税制改正において，定期同額給与か事前確定届出給与かの区分は次のように出向先法人における給与負担金の支出状況に応じて判断することとなりました。

出向者が出向先法人において役員となっている場合において，次のいずれにも該当するときは，<u>出向先法人が支出する当該役員に係る給与負担金の支出を出向先法人における当該役員に対する給与の支給として，法第34条《役員給与の損金不算入》の規定が適用</u>されることとされています（法基通9－2－46）。

(1) 当該役員に係る給与負担金の額につき当該役員に対する給与として出向先法人の株主総会，社員総会又はこれらに準ずるものの決議がされていること。
(2) 出向契約等において当該出向者に係る出向期間及び給与負担金の額があらかじめ定められていること。

また，本文の取扱いの適用を受ける給与負担金についての同条第1項第2号《事前確定届出給与》に規定する届出は，出向先法人がその納税地の所轄税務署長にその出向契約等に基づき支出する給与負担金に係る定めの内容について行うこととされています（法基通9－2－46（注）1）。

なお，出向先法人が給与負担金として支出した金額が出向元法人が当該出向者に支給する給与の額を超える場合のその超える部分の金額については，出向先法人にとって給与負担金としての性格はないこととされています（法基通9－2－46（注）2）。

2 本事例の場合

上記1のとおり，貴社は甲に係る給与負担金の額につき当該役員に対する給与として貴社の株主総会の決議がされており，また，出向契約において甲に係る出向期間及び給与負担金の額があらかじめ定められていることから，貴社が

第Ⅱ部　役員給与

A社に支出する甲に係る給与負担金は，甲に対する給与の支給として法人税法第34条《役員給与の損金不算入》の規定が適用されることとされています。

したがって，貴社がA社に毎月支出する給与負担金の額65万円は，貴社において定期同額給与に該当します。

また，貴社が6月と12月に支給する給与負担金の額各90万円は事前確定届出給与として，所定の期限内に所轄税務署長に対して事前確定届出給与に関する届出書の届出を行えば損金の額に算入されるものと考えられます。

出向・転籍

Q58 出向者に対する給与の較差補塡

当社の係長甲は、子会社であるA社へ課長として出向しています。

当社は甲に対する給与を年間600万円支払い、当社はA社からそれに対する給与負担金を受け取ることを考えています。

その際、当社が受け取る給与負担金は540万円になります。

これは、親会社と子会社の給与格差（給与ベースの違い）によるものです。

当社が負担した600万円と当社が受け取る540万円との差額60万円について、A社に対する寄附金になりますか。

```
                 当社が負担した600万円と当社が受け
                 取る540万円との差額60万円につい
                 て、甲社に対する寄附金になるか。

          給与負担金540万円(A社の給与ベース)
   当社 ←──────────────────────── 子会社A社
          ────────────────────────→
                    甲出向

   年間給与600万円
   （当社の給与ベース）
            ↘
              甲出向（営業課長）
```

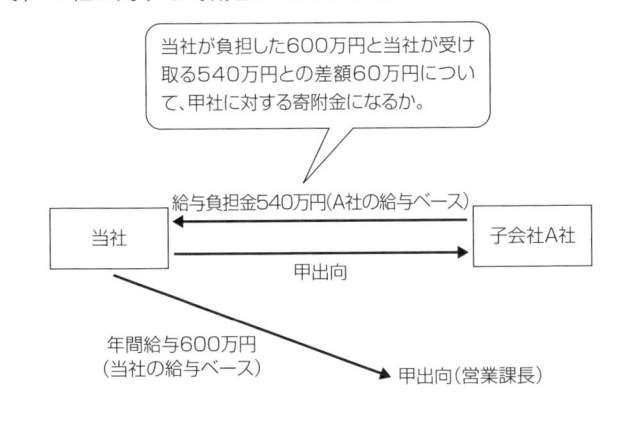

ANSWER

貴社が負担した600万円と貴社が甲社から受け取る540万円との差額60万円が、給与条件の較差を補てんするため出向者甲に対して支給した給与の額に該当すれば、出向元法人である貴社の損金の額に算入されるものと考えられ

ます。

解説

1 出向者に対する給与の較差補塡

出向元法人が出向先法人との給与条件の較差を補塡するため出向者に対して支給した給与の額（出向先法人を経て支給した金額を含みます。）は，当該出向元法人の損金の額に算入することとされています（法基通9－2－47）。

本事例のように出向者甲に対する給与の支払が出向元である親会社である貴社の給与ベースで行われ，出向先から受け取る給与負担金が出向先である子会社A社の給与ベースで行われる場合には，出向元法人である貴社が出向者甲の出向先A社との給与の格差を事実上負担することになります。

この当該給与条件の較差を補塡するために出向元法人が出向者に対して支給した給与の額は，出向元法人と出向者との間の雇用契約に基づくものであり単なる贈与的性格によるものではないことから損金の額に算入されるものと考えられます。

なお，出向元法人が出向者に対して支給する次の金額は，いずれも給与条件の較差を補塡するために支給したものとされています（法基通9－2－47（注））。

① 出向先法人が経営不振等で出向者に賞与を支給することができないため出向元法人が当該出向者に対して支給する賞与の額
② 出向先法人が海外にあるため出向元法人が支給するいわゆる留守宅手当の額

2 本事例の場合

上記のとおり，貴社が甲に支給した600万円と貴社がA社から給与負担金として受け取る540万円との差額60万円が，給与条件の較差を補塡するため出向者甲に対して支給した給与の額に該当すれば，出向元法人である貴社の損金の額に算入されるものと考えられます。

出向・転籍

Q59 出向先法人が出向者の退職給与を負担しない場合

　当社の子会社A社は，現在，経営危機の状態にあるので，今般，親会社である当社の営業課長甲を当社からA社の経営指導のために営業部長としてA社に出向させることを考えています。

　なお，甲の出向期間は1年程度を考えています。

　当社は甲のA社に勤務している期間の退職金について，A社に負担させないことを考えていますが，税務上，問題がありますか。

ANSWER

　貴社が経営危機にある子会社A社に甲を出向させてA社の経営指導に当たらせていること，また，甲の出向期間も1年と短期間であることから，貴社が甲の出向期間の退職金を子会社A社に負担させないとしても寄附金の問題は生じないものと考えられます。

解説

1　出向先法人が出向者の退職給与を負担しない場合

　出向者が出向先において勤務している場合には，出向期間に係る給与は出向先法人において負担することになります。

　しかしながら，出向先法人が出向者に対して出向元法人が支給すべき退職給与の額のうちその出向期間に係る部分の金額の全部又は一部を負担しない場合においても，その負担しないことにつき相当な理由があるときは，これを認めることとされています（法基通9－2－50）。

第Ⅱ部　役員給与

　その負担しないことにつき相当な理由があるときとは，例えば，①親会社が経営危機にある関係会社等に強制的に使用人を出向させて，その関係会社等の業務の指導等をさせる場合や，②出向期間が短いため退職給与を出向先法人に負担させることが必要ないと認められる場合などが考えられます。

　したがって，本事例の場合は貴社が経営危機にある子会社A社に甲を出向させてA社の経営指導に当たらせていること，また，甲の出向期間も1年と短期間であることから，貴社が出向期間の退職金を子会社A社に負担させないとしても寄附金の問題は生じないものと考えられます。

2　本事例の場合

　上記1のとおり，貴社が経営危機にある子会社A社に甲を出向させてA社の経営指導に当たらせていること，また，甲の出向期間も1年と短期間であることから，貴社が甲の出向期間の退職金を子会社A社に負担させないとしても寄附金の問題は生じないものと考えられます。

出向・転籍

Q60 転籍者（使用人）に対する退職給与

　当社の課長（使用人）であった甲は，当社に23年勤務したのち子会社A社に部長（使用人）として転籍しました。

　当社及びA社では転籍者の退職金の計算において勤続年数を通算しない場合には転籍した使用人が不利益となるため当社を退職した際には退職金を支給しないで，A社を退職した場合に当社とA社の在職年数を通算して退職金を支給することにしており退職給与規定においてこの点が規定されており，このことは甲との転籍契約にも明らかにされています。

　この度，甲はA社に2年勤務し部長（使用人）で退職することになりました。

　なお，当社とA社の退職給与規定は同じものです。

　当社は甲の退職金2,000万円を当社とA社との在職期間の比によって按分し負担することを考えていますが，寄附金の問題が発生しますか。

ANSWER

　貴社とA社の退職給与規定は同じもので，転籍者甲の退職金2,000万円を転籍前法人の貴社と転籍後法人A社がそれぞれの在職期間（全期間使用人）の比によって按分して負担しており，このことは退職給与規定や転籍契約においても規定されていることから，贈与（寄附金）の問題は生じないものと考えられます。

解説

1 転籍者に対する退職給与

転籍した使用人（以下「転籍者」という。）に係る退職給与につき転籍前の法人における在職年数を通算して支給することとしている場合において，転籍前の法人及び転籍後の法人がその転籍者に対して支給した退職給与の額（相手方である法人を経て支給した金額を含みます。）については，それぞれの法人における退職給与とされています（法基通9－2－52）。

ただし，転籍前の法人及び転籍後の法人が支給した退職給与の額のうちにこれらの法人のほかの使用人に対する退職給与の支給状況，それぞれの法人における在職期間等からみて明らかに相手方である法人の支給すべき退職給与の額の全部又は一部を負担したと認められるものがあるときは，その負担したと認められる部分の金額は，相手方である法人に贈与したものとされています（法基通9－2－52）。

2 本事例の場合

本事例の場合は，貴社とA社の退職給与規定は同じもので，転籍者甲の退職金2,000万円を転籍前法人の貴社と転籍後法人A社がそれぞれの在職期間（全期間使用人）の比によって按分して負担しており，このことは退職給与規定や転籍契約においても規定されていることから，贈与（寄附金）の問題は生じないものと考えられます。

なお，転籍者の退職給与を転籍時に支給しないで転籍後の法人を退職するときに転籍前の法人と転籍後の法人の在職期間を通算して支給する場合には退職給与規定や転籍契約等でその負担割合を明らかにしておく必要があります。

《参考文献等》

1　役員給与に関するＱ＆Ａ（平成18年6月国税庁），役員給与に関する質疑応答事例（平成18年12月国税庁），役員給与に関するＱ＆Ａ（平成20年12月国税庁）

2　平成19年3月13日付課法2－3ほか1課共同「法人税基本通達等の一部改正について」（法令解釈通達）の趣旨説明（国税庁HP），所得税基本通達30－2の2《使用人から執行役員への就任に伴い退職手当等として支給される一時金》の取扱いについて（情報），所得税基本通達30－2の2に関するQ&A（国税庁HP）

3　「役員の分掌変更に伴う増額改定（定期同額給与）」，「定期給与の額を改定した場合の損金不算入額（定期同額給与）」，定期給与の増額改定に伴う一括支給額（定期同額給与）」，「役員に対する歩合給（定期同額給与）」，「事前確定届出給与に関する届出書」を提出している法人が特定の役員に当該届出書の記載額と異なる支給をした場合の取扱い（事前確定届出給与），「定めどおりに支給されたかどうかの判定（事前確定届出給与）」，「職務執行期間の中途で支給した事前確定届出給与（事前確定届出給与）」，「確定額を限度としている算定方法（利益連動給与）」，「算定方法の内容の開示（利益連動給与）」，「利益に関する指標の数値が確定した時期（利益連動給与）」（国税庁質疑応答事例）等（国税庁HP）

4　国税不服審判所HP

5　森文人編著「法人税基本通達逐条解説」（税務研究会出版局）

6　後藤昇，北島一晃，阿部輝男共編「所得税基本通達逐条解説」（大蔵財務協会）

7　松本善夫編「平成23年度版法人税」（大蔵財務協会）

8　松本善夫編「平成23年度版法人税の決算と申告の実務」（大蔵財務協会）

9　弥永真生著「会社法（第12版）」（有斐閣）

10　神田秀樹著「会社法［第13版］」（弘文堂）

11　鈴木博編「税務相談事例集」（大蔵財務協会）

第Ⅱ部　役員給与

12　若林孝三・中津山準一・有賀文宣・吉田行雄編著
　　「実例問答式　役員と使用人の給与・賞与・退職金の税務」（大蔵財務協会）
13　戸島利夫著「出向・転籍の税務」（税務研究会出版局）
14　永田金司著「出向・転籍における税務実務」（大蔵財務協会）
15　森田政夫著「法人税実例選集」（清文社）
16　渡辺淑夫・山本清次編集代表「法人税基本通達の疑問点」（ぎょうせい）
17　成松洋一著「グループ法人税制の実務事例集」（大蔵財務協会）
18　谷山孝博著「法人税調査における是否認の接点」（大蔵財務協会）
19　衛藤政憲著「役員給与課税の重要点解説」（大蔵財務協会）
20　戸島利夫/辻敢/堀越菫共著「税法・会社法からみた役員給与」（税務研究会）
21　太田達也著「役員給与の実務」完全解説（税務研究会）
22　岸田光正　上西左大信共著「役員給与の「増額・減額」改定を巡る法人税実務Ｑ＆Ａ」（税務研究会）
23　小池敏範著「誤りやすい役員給与の法人税実務」（税務研究会）
24　金子雅実著「徹底解説　役員給与」（清文社）
25　最高裁判所判例集（裁判所HP）
26　判例時報1159号
27　今井康雅著「関係者間取引における「時価」の立証ポイント「出向・転籍」」（税理2011年2月号（ぎょうせい））
28　今井康雅著「税務相談Ｑ＆Ａ」税経通信（税務経理協会）

著者紹介

今井　康雅（いまい　やすまさ）

税理士　一級ファイナンシャル・プランニング技能士　CFP®
東京国税局調査第一部調査審理課係長，主査，東京国税不服審判所審査官（法規・審査担当），東京国税局調査第一部調査審理課国際調査審理官，東京国税局調査第一部特別国税調査官付総括主査等を経て，税理士。

（主要著書等）
『Q&A　判断の難しい法人税実務　貸倒損失　貸倒引当金』（税務経理協会）『ケース・スタディ　評価損・譲渡損等をめぐる法人税実務』（ぎょうせい）などのほか，セミナー講師も行っている。

著者との契約により検印省略

平成24年4月1日　初版発行	**Q&A　判断に迷う法人税実務** **役員給与**

著　　者	今　井　康　雅
発 行 者	大　坪　嘉　春
整 版 所	技　　秀　　堂
印 刷 所	税 経 印 刷 株 式 会 社
製 本 所	株式会社　三森製版所

発 行 所　東京都新宿区下落合2丁目5番13号　株式会社　**税務経理協会**
郵便番号 161-0033　振替 00190-2-187408　電話 (03)3953-3301（編集部）
　　　　　　　　FAX (03)3565-3391　　　　　(03)3953-3325（営業部）
URL http://www.zeikei.co.jp/
乱丁・落丁の場合はお取替えいたします。

© 今井康雅　2012　　　　　　　　　　　　　　　Printed in Japan

本書を無断で複写複製（コピー）することは，著作権法上の例外を除き，禁じられています。本書をコピーされる場合は，事前に日本複写権センター（JRRC）の許諾を受けてください。
JRRC（http://www.jrrc.or.jp　eメール：info@jrrc.or.jp　電話：03-3401-2382）

ISBN978-4-419-05790-9　C3032